KB142869

유럽의 낭만주의 시대

Europe

AD 1789 - 1848

타임라이프 세계사 17 _ 유럽

유럽의 낭만주의 시대

Europe

AD 1789 - 1848

타임라이프 북스 지음 | 신현승 옮김

가람
기획

:: 차례

유럽의 낭만주의 시대

혁명과 낭만주의
—유럽의 개관과 연표

1789년 7월 14일, 바스티유(파리의 감옥이자 왕실 독재의 상징)의 몰락은 프랑스 혁명의 예고편이었다. 그러나 혁명가들의 가장 중요한 결의는 그 다음 달에 발표된 인간과 시민의 권리선언(Declaration of the Rights of Man and Citizen)으로 표출되었다. 인간의 기본 권리들(언론·집회·종교·소유의 권리와 법 앞에서의 만인의 평등)은 다른 유럽의 국가들에도 혁명사상으로 전파되었다. 유럽 지역 대부분은 자유와 평등이라는 혁명사상에 고취되었다. 그러나 뒤이은 공포시대는 혁명운동의 옹호자들에게 큰 충격을, 적법하게 이루어진 프랑스 왕과 왕비의 처형은 유럽의 다른 지도자들에게 두려움을 안겨주었다. 그 결과 프랑스는 오스트리아·프로이센·스페인·영국과 값비싼 전쟁을 치러야 했다.

이렇게 불안정한 시기에 프랑스 군 장교 보나파르트 나폴레옹은 영웅을 열망하는 자국민들뿐만 아니라 다른 많은 유럽 인들의 마음을 사로잡았다. 그러나 1804년 그가 스스로 황제의 지위에 오르자 그의 추종자들은 환멸을 느낀 나머지 그를 혁명의 배반자로 낙인찍었다. 그후 나폴레옹은 교전을 통해 프랑스 령의 영토를 점점 더 넓혀갔다. 유럽 전역은 분노와 공포에 휩싸였다. 1814년 유럽 연합군은 프랑스를 침공하여 나폴레옹을 퇴위시켰다. 이듬해 나폴레옹은 일시적으로 권력을 되찾았지만 또다시 전쟁에서 패배했다.

빈 회의에서 유럽의 지도자들은 자국의 질서를 되찾으려 했다. 프랑스에서는 연합군 지도자들이 이미 새로운 부르봉 왕조를 왕위에 앉힌 터였다. 루이 18세는 1792년 이래 프랑스가 점령한 모든 영토를 포기하는 데 동의했다. 나폴레옹이 설립하

1789	1792	1793	1795	1796	1792-1802
프랑스 혁명이 시작된다. 삼부회가 국민의회로 재구성되다. 파리 시민들이 바스티유 감옥을 습격하다.	프랑스가 공화국을 공포하다. 울스턴크래프트가 《여성의 권리 옹호》를 출간하다.	로베스피에르의 지배 하에 공포시대가 시작되다. 루이 16세가 처형되다.	프랑스에서 총재정부 (입법기구와 5명의 총재로 구성)가 권력을 떠맡다.	영국의 의사 에드워드 제너가 천연두 백신을 발견하다.	프랑스가 오스트리아·프로이센·스페인·영국과 전쟁을 벌이다.

여 조정했던 라인 연방이 해체되자, 독일 국가들은 대부분의 권력을 개별 지배자들의 손에 맡기는 독일연방을 형성했다. 이런저런 정치적 행보와 함께 의회는 유럽이 구체제로 귀환하기를 희망했다.

그러나 프랑스 혁명은 유럽의 다른 지역에서 폭동을 유발했다. 네덜란드 왕국에 대항한 봉기는 벨기에의 독립을 이끌어냈다. 오스트리아 정부는 북부 이탈리아 영토에서 발발한 봉기를 야만적으로 진압했으며, 폴란드의 봉기는 러시아의 엄격한 통치를 초래했다. 그런가 하면 영국은 새롭게 떠오른 중간계급의 점증하는 불만을 개혁법안을 통과시킴으로써 누그러뜨렸다. 개혁법안은 그들 중간계급에게 의회에서의 좀더 공평한 발언권과 보다 많은 투표권을 제공했다.

영국에서는 또 다른 형태의 혁명이 이 새로운 중간계급의 출연에 도움을 주었다. 군사력이 아니라 증기력으로 시작된 산업혁명이 그것이다. 1769년 제임스 와트가 증기엔진 특허를 얻은 이래 20년 만에 증기는 영국의 용광로·펌프·직조기·객차·

선박의 동력이 되었다. 1814년경에는 증기동력 인쇄기 덕분에 보다 광범위한 정보의 확산이 가능해졌다. 그리고 1830년경에는 증기동력 기차와 런던 버스들을 흔하게 볼 수 있게 되었다. 혁명화된 첫 번째 산업은 면사 제조였으며, 뒤이어 광산업과 야금업을 비롯한 다른 산업들이 발전하면서 획기적인 경제성장을 이끌었다. 또한 새로운 증기선으로 원거리 시장이 구축되어 대륙간 물품 교류가 이루어졌다.

중간계급은 이런 혁신을 통해 점점 번창해나갔지만, 그보다 낮은 계급의 많은 사람들의 생활에는 별 진전이 없었다. 빈민과 여성과 아이들(이들은 대부분 농업기술 발전과 인클로저 운동에 의해 농지에서 쫓겨난 시골 노동자들이다)은 생계유지를 위해 가혹한 환경의 공장에서 장시간 일해야 했다. 그러나 가장 가난한 영국 시민들도 언제든 일거리를 구할 수 있었으며, 그중 일부라도 산업혁명의 혜택을 누릴 수 있었다. 예컨대, 보다 저렴한 물품 생산이 가능해짐에 따라 보다 많은 사람들이 그것들을 이용

1798	1799	1804	1806	1811	1812
나폴레옹이 이집트를 침공하다. 워즈워스와 새뮤얼 테일러 콜리지의 《서정민요집》이 출간되다.	총재정부가 폐지되고 나폴레옹이 새로운 정부의 초대 통령으로 임명되다.	나폴레옹이 황제로 등극하다. 루트비히 판 베토벤이 《3번 교향곡》을 완성하다. 프랑스 인이 직조기를 발명하다.	나폴레옹에 의해 신성로마제국이 해체되다. 실내조명에 가스등이 도입되다.	체조의 아버지 프리드리히 루트비히 얀이 최초의 체육관을 열다.	나폴레옹, 러시아를 침공하다. 그림 형제, 《어린이와 가정을 위한 옛날이야기》 출간하다. 바이런의 《차일드 헤럴드의 여행》이 런던에서 출간되어 대성공을 거두다.

할 수 있게 되었다.

이런 혁명과 극적인 새로운 세계로부터 움터 나온 것이 바로 낭만주의라 불리는 지적·예술적 정서였다. 이성적인 계몽주의 이데올로기를 타파한 낭만주의자들은 정열적이고 개인주의적이었다. 그들은 영웅과 중요한 사건, 야성의 자연과 먼 이국, 과거의 황금기로부터 영감을 얻었다. 그리하여 낭만주의 시대의 영감 있는 예술가들은 화려하고 몽상적인 작품을 창조했다.

독일 작곡가 루트비히 판 베토벤은 자신의 음악에 영웅적인 장엄함과 솟구치는 열정을 주입했다. 그는 자신의 열정적인 믿음을 이렇게 표현했다.

"음악은…… 개인에게 새로운 생산력을 고취시키는 포도주다. 나는 인류를 위해 이 영광스런 포도주를 생산하여 그들을 정신적으로 취하게 만드는 주신(酒神) 바코스다."

시인 윌리엄 워즈워스는 영국 시골의 야산을 배회하며 그곳에서 자신이 발견한 경이로움에 대해 서정시를 썼다.

……그러므로 나는 한결같이
풀밭과 숲과 산을 사랑한다.
……자연과 감각의 언어 속에서
내 마음의 수호자이며 안내자,
그리고 내 모든 존재의 영혼을 감지한다.

좀더 이국적인 정경에 심취했던 〈차일드 해럴드의 여행〉의 작가 바이런 경의 이야기풍 시는 그리스와 알바니아를 비롯한 오스만 제국의 여러 지역을 돌아다닌 자신의 모험에 기반을 두고 있었다. 언어를 통해 강렬한 감정을 불러일으켰던 바이런의 세계는 외젠 들라크루아 같은 미술가들에 의해 생생한 생명을 얻었다. 그의 대표작인 〈메솔롱기온(바이런이 사망한 곳)〉의 그리스 전사들과 알제리 여인들은 활기 넘치는 색채로 약동하고 있다. J. M. W. 터너와 존 헨리 푸젤리 같은 다른 미술가들은 자연의 격렬함과 그들 자신의 꿈과 비전의 공포를

1813 독일 문화를 다른 유럽에 소개하는 제르멘 드 스탈의 〈독일론〉이 영국에서 출간되다.

1814 동맹군이 파리로 입성하여 나폴레옹을 퇴위시키다. 빈 회의가 소집된다.

1815 나폴레옹이 다시 권력을 잡지만 워털루에서 패배한 후 영구 추방되다. 부르봉 왕가의 왕정복고가 이루어지다.

1818 메리 셸리가 공포소설 〈프랑켄슈타인〉을 출간하다.

1820 퍼시 비시 셸리의 서정희곡 〈프로메테우스의 해방〉이 출간되다.

1822 영국의 과학자 패러데이가 전기모터를 발명한다. 퍼시 비시 셸리가 이탈리아 해안에서 익사하다.

묘사함으로써 관찰자의 감정을 자극하려 했다. 그림 형제는 과거로 눈길을 돌렸다. 그들은 마법의 존재나 사악한 계모 또는 머리카락을 기어오르는 왕이 등장하는 설화집을 통해 유산의 아름다움을 표현했다.

1840년대에는 이런 열정 넘치는 예술적 시도와 함께 격동적인 정치적 상황이 또 다른 폭발을 일으켰다. 1848년 정부의 부패와 혁명사상의 실종에 대한 프랑스 국민들의 분노가 폭발하여 군주제가 다시 공화제가 되었다. 그리고 이 사건은 독일에서 수차례의 폭동을 촉발했다. 폭동 참가자들은 개혁과 강력한 민족주의 정부의 창설을 요구했다. 그러나 프랑스와 독일에서 발생한 이런 봉기들에 의한 변화는 일시적이었다. 나폴레옹 1세의 조카인 나폴레옹 3세는 스스로를 황제로 선포했으며, 통합독일운동도 수포로 돌아갔다.

지난 60년 동안의 정치적 혁명에도 불구하고 구체제가 또다시 활개를 쳤다. 그러나 그들의 시대는 오래 가지 않았다. 1789년에서 1848년 사이에 도래한 사상이 유럽을 이미 새로운 시대로 근접시켰기 때문이다. 이 시대에 이르러 대부분의 지도자들은 시민들에게 발언권과 입법권을 부여해야 한다는 사실을 자각하고 있었다.

산업혁명은 지속적인 사회적 변화를 촉진했다. 19세기 후반 독일에 주입된 이 혁명은 20년 후 프랑스 전역으로 퍼져나갔다. 그러나 산업혁명의 여정이 정점에 달했던 영국에서는 이미 현대를 준비하고 있었다.

정치 혁명가와 산업주의자들과 마찬가지로 이제제 목소리를 잃어버린 낭만주의자들은 이 세상에 영속적인 유산으로 남았다. 낭만주의 유산은 그들의 격조 높은 작품뿐만 아니라 그 정신을 회상하는 데에서도 찾아볼 수 있는데, 새뮤얼 테일러 콜리지는 그 정신을 '영혼에서 솟아난…… 지구를 감싸는 밝고 눈부시게 빛을 발하는 구름'으로 표현했다.

1824	1825	1830	1832	1833	1848
베토벤의 마지막 교향곡인 〈9번 교향곡〉을 작곡하다. 바이런이 그리스 메솔롱기온에서 사망하다.	영국에서 최초로 정기 여객열차 서비스가 시작되다.	부르봉 왕정복고가 쿠데타로 막을 내리고 '시민왕' 루이 필리프가 왕위에 오르면서 7월 왕정이 시작된다. 빅토르 위고의 낭만주의 희곡 〈에르나니〉가 무대에 오르다.	영국의 선거법 개정안이 혁명 직전 통과되다.	프랑스 관리들이 정부 책임으로 초등교육을 실시하다.	카를 마르크스가 〈공산당 선언〉을 출간하다. 혁명의 물결이 프랑스와 독일연방을 휩쓴다.

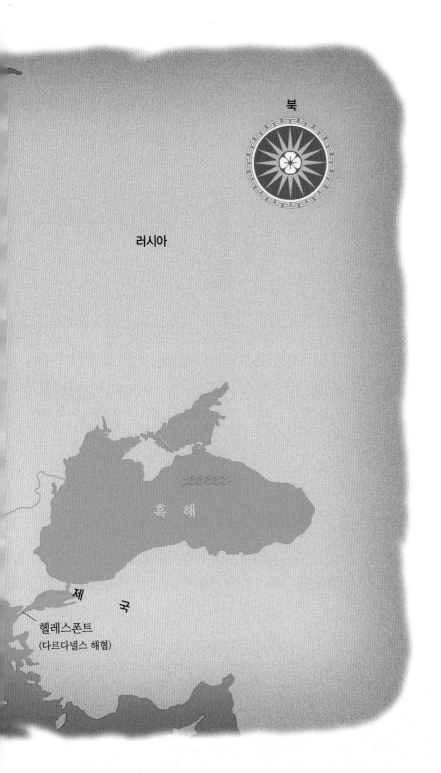

북

러시아

흑 해

제 국

헬레스폰트
(다르다넬스 해협)

18세기 후반과 19세기 초반에 프랑스 군은 유럽에 새로운 질서를 부과했다. 나폴레옹은 오스트리아로부터 북부 이탈리아 영토를 뺏기 위해 알프스를 넘었고, 신성로마제국을 해체시켰으며, 라인 동맹뿐만 아니라 네덜란드와 베스트팔렌 왕국도 창설했다. 또한 스페인을 정복하고 근대 이탈리아의 심장부인 교황령을 병합했다. 그러나 1812년 러시아 원정에서 대부분의 프랑스 군을 잃은 나폴레옹은 유럽 연합군에 패배했고, 대다수 유럽 국들은 과거의 정치체제로 다시 돌아갔다. 하지만 나폴레옹의 유럽 정복 시도는 이른바 독일연방의 형성을 촉발했다.

유럽의 정치환경의 변화는 예술세계의 변화에도 반영되었다. 파리에서 외젠 들라크루아와 앙투안 장 그로는 새로운 양식의 회화를 모색했다. 화려한 빈에서 베토벤과 슈베르트는 불멸의 걸작들을 작곡했다. 스위스 코페에서 제르멘 드 스탈은 '낭만주의의 고고한 여사제'라는 명성을 안겨준 책을 집필했다. 독일 카셀에서 그림 형제는 민담을 수집했다. 영국에서 윌리엄 워즈워스는 네더스토위 근처 언덕을 산책하고 그래스미어 근방의 호수와 산봉우리들을 돌아다니면서 자연으로부터 영감을 얻었다. 또한 낭만주의 예술가들은 자신들의 작업에 영향을 줄 만한 모험을 찾아 순회여행을 떠나기도 했다. 바이런 경은 리옹 거리를 배회하고 캐러번 여행으로 알바니아 산맥을 넘었으며, 아테네의 유적을 답사하고 다르다넬스 해협을 헤엄쳐 건넜다. 그리고 나서 모국으로 돌아온 그는 걸작 〈차일드 해럴드의 여행〉을 썼다.

1 :: 소용돌이 시대의 열정

 1792년 후텁지근한 8월 아침, 진흙투성이의 좁은 골목 길과 쓰레기로 지저분한 뒷골목을 따라 파리의 아낙네들은 일상적인 시장 나들이를 마치고 있었다. 센 강 강둑을 따라 제혁소·양조장·염색공장, 레베이용 벽지공장과 고블랭 주단공장에서 날마다 일하는 노동자들이 속속 몰려들었다. 한편 생 드니 거리의 여성용 모자 제조업체와 남성복 가게들에서는 옷가지를 자르고 바느질하고 있었다. 그것들은 몽마르트르의 장사치들이 내다팔았는데, 도시 서부의 방적공장에서 옷감을 공급받았다. 3년 전에 시작된 피비린내나는 혁명과 사회 격변에도 불구하고 프랑스의 수도에서는 평소처럼 일상적인 업무가 돌아가고 있었다.

그날 38살의 샤를 모리스 드 탈레랑은 평소처럼 프랑스 법무장관 조르주 당통의 사무실에 앉아 주의 깊게 그의 말을 경청하고 있었다. 당통은 8월 13일 장관직에 임명된 직후 탈레랑을 불렀다. 그날은 더디게 진행되는 입법개혁에 신물이 난 급진주의자들이 분노한 평민들로 하여금 직접 행동에 나서도록 선동한 날이었다. 창으로 무장한 폭도들은 튈르리 궁전을 습격했다. 그들은 루이 16세와 마리 앙투아네트가 달아난 사실을 눈치채고, 궁전을 지키는

22m 높이의 기둥 위에 자리잡은 날개 달린 명예의 상이 19세기 초반 떠들썩한 광장이었던 샤틀레 광장을 굽어보고 있다. 이 기념물은 1790년대 후반 나폴레옹의 이집트 원정에서 전사한 프랑스 병사들을 기념하고 있다. 나폴레옹이 권력을 잡는 데 도약판 역할을 한 프랑스 혁명은 또한 유럽의 낭만주의 시대를 탄생시켰다.

경비병들을 처참하게 살육했다. 왕과 왕비를 보호할 것이라 생각했던 입법의회는 즉각 군주를 퇴위시키고 그를 대신하여 임시집행위원회를 설립했다.

장관으로서 당통은 자신의 첫 임무가 다른 국가들에게 그날의 중대한 사건을 정당화하는 것이라고 생각했다. 그는 영국에서 임무를 마치고 일찌감치 여름에 돌아온 탈레랑에게 적극적으로 조언을 구했다. 탈레랑은 새로운 프랑스 정부를 대신하여 영국 수상 윌리엄 피트와 교섭을 벌였었다. 당통은 탈레랑에게 혁명의 정당성을 설명하는 편지를 영국 정부에 써줄 것을 부탁했다.

그런데 탈레랑에게 있어 당통의 요구는 뜻밖의 기회, 즉 탈출의 기회를 제공하는 것이었다. 주교이자 귀족이요, 노련한 외교관이었던 탈레랑은 1789년 혁명에 가담했던 일원이었다. 그는 정부 개혁을 추진했던 프랑스의 새로운 입법기구의 의장으로 봉사하다가 최근의 상황에 불안을 느껴, 7월 13일 사임했다. 이제 그는 의심받는 반혁명주의자, 특히 귀족과 성직자들을 대상으로 하는 사냥에서 보호받을 수단이 전혀 없었다. 탈레랑은 목숨을 부지하기 위해 프랑스에서 탈출해야 할 처지였다.

그는 당통에게 제안했다. 만약 당통이 그에게 정부 외교사절로서 영국을 여행할 수 있는 여권을 제공한다면 편지를 써주겠다는 조건이었다. 그는 자기 여행에 대해 합리적인 이유를 설명했다. 얼마 전 그는 무게와 측량에 대한 통일체계를 국제적으로 받아들여야 한다고 제안한 바 있었다. 그는 영국의 영향력 있는 과학계로부터 자신의 계획에 대한 지지를 얻을 수 있다고 주장했다. 당통은 그의 말을 귀담아들었지만 거기에 속아 넘어가지는 않았다. 그는 오직 탈출만을 원하는 탈레랑의 속셈을 꿰뚫고 있었다. 하지만 그는 주교의 도움이 필요했고, 그 조건에 동의했다.

계약을 마친 후 탈레랑은 당통이 약속을 지키기를 초조하게 기다렸다. 당통으로부터 어떠한 전갈도 없이 기나 긴 8월이 지나가고 있었다. 그동안 귀족과 성직자들이 속속 감옥을 채우고 있었다. 9월 1일, 탈레랑은 폭도들이

감옥을 습격했다는 놀라운 소식을 접했다. 그들은 일련의 약식 재판을 거친 후 1,200명을 학살했다. 닷새 후 마침내 그는 생명줄 같은 전갈을 받았다. "우리의 명령으로…… 탈레랑의 런던 경유를 허락하는 바이다."

탈레랑 백작의 아들 샤를은 왕만큼 유서 깊은 명문가 자손이었다. 그러나 그는 가족이 있는 집에서 성장하지 않았다. 세례를 받은 후 파리 외곽에 거주하는 가난한 여인에게 보내졌기 때문이다. 일상적인 아동 양육의 책임에서 벗어나고자 했던 프랑스 귀족들 사이에서 이런 식으로 양자를 보내는 것은 흔한 일이었다.

농부의 보호를 받던 샤를은 네 살 무렵 높은 곳에서 떨어져 다리에 탈골을 일으켰다. 제대로 치료를 받지 못한 그는 그후 절름발이가 되었다. 그런 부상에도 불구하고 그의 부모는 아들을 파리의 집으로 불러들이지 않고 조모인 공작부인에게 양육을 맡겼다. 소년은 조모를 사랑하고 칭송했으며, 그녀의 보호 아래 읽고 쓰는 법과 신사처럼 행동하는 법, 그리고 귀족의 의무를 이해하는 법을 배웠다.

공작부인 입장에서는 프랑스 남서부의 자신의 광대한 토지에서 농사짓는 소작인들에 대한 의학적 치료를 책임지는 것도 의무에 속했다. 일요일마다 미사가 끝나면 그녀는 수술실로 알려진 대저택의 방에서 회의를 열었다. 선반에는 의사와 대리인이 1년에 한 차례 준비하는 고약·영약·시럽제가 담긴 커다란 단지들과 다른 의약품 상자들이 빼곡히 채워져 있었다. 환자들은 벨벳 안락의자에 앉아 있는 공작부인에게 한 사람씩 소개되었다. 만약 환자에게 붕대가 필요하면 탈레랑은 그녀가 미리 알맞은 크기로 잘라놓은 아마포 두루마리를 가져왔다.

빅토르 위고는 샤를 모리스 드 탈레랑(위)에 대해 '그는 이상한 사람이었다'라고 말했다. '두려움과 존경심을 주는…… 그는 그 자신이 악마인 것처럼 느릿느릿 걸었다.' 콩트 드 미라보는 이렇게 비아냥거렸다. '그는 똥 한 무더기와 자신의 영혼을 맞바꾸려 할 것이다. 또 그렇게 하는 것이 그에게 옳을 것이다.' 귀족·주교·자유사상가·혁명가·정계 실력자였던 탈레랑은 프랑스 혁명부터 7월왕정까지 프랑스 정치체제에 자신의 족적을 남겼다.

1762년 탈레랑의 부모는 그를 파리의 학교로 보냈다. 그러나 아직 만남을 서둘지 않았던 그의 부모는 그에게 시중을 드는 가족을 보내 사촌과 함께 거처하도록 했다. 후일 그는 당시의 기억을 쓸쓸하게 회고하곤 했다. "당시 나는 여덟 살이었지만, 내 부모님의 시선은 여전히 나를 향하지 않았다." 실제로 그의 부모는 1주일에 한 차례씩 아들과의 만찬이 허락되었음에도 불구하고 7년의 학업 기간 동안 한번도 그를 방문하지 않았다.

탈레랑은 절름발이였기 때문에 그의 부모는 그가 군인으로 적합하지 않다는 결정을 내렸다. 군인은 대규모 농토를 갖고 있지 않은 그의 가족의 전통적인 가업이었다. 대부분의 다른 귀족들처럼 백작의 지위만 가졌을 뿐 재산은 얼마 되지 않았던 그의 아버지는 다행히 지위 덕분에 재정적인 수입과 다양한 특권이 따르는 법원 고위직에 임명될 수 있었다. 열다섯 살 무렵 탈레랑은 자신의 바람과 상관없는 길을 걸어야 했다. 그는 공무직과 법원 고위직 경력을 쌓기 위해서는 가톨릭 교회가 좋은 출발점이라는 충고를 들었다. 하지만 성직자로서 맹세를 했음에도 불구하고 그는 세속적인 사치와 쾌락을 포기하지 않았다. 탈레랑은 성직자가 되고 나서도 쾌락을 좇는 행동을 서슴지 않았으며, 세속적인 친구들은 물론 자신의 정부(情婦)들과도 공개적으로 어울렸다.

1788년 탈레랑은 오퇭 주교로 임명되었다. 그리고 이듬해에는 3계급(성직자·귀족·평민)으로 구성된 전국의회인 삼부회에 성직자 대표로 선출되었다. 그는 성직자 대표 자격으로 파리로 향하면서도 정작 전국적으로 혁명 직전의 분위기가 감돌고 있다는 사실은 알지 못했다. 175년 만에 삼부회가 개최된 것은 프랑스의 정부재정이 파탄 지경이었기 때문이다. 루이 16세와 재무장관은 상황을 완화시키기 위해 새로운 종합세 부과를 제의했다. 그러나 파리 시민과 지방관리들은 정당하게 내야 할 사람들에게만 세금을 부과해야 한다고 주장하면서 그 제안을 거부했다. 국왕은 삼부회 소집이 불가피했다.

첫 번째 회의는 1789년 5월에 열렸다. 그러나 성직자와 귀족들이 제3신분인 평민들을 제쳐놓고 문제를 해결하려 했기 때문에 회의는 결렬되었다. 수적으로는 595명 대 582명으로 평민 신분이 오히려 더 많았다. 1789년 6월 격분한 평민들은 따로 국민의회를 소집하여 법령 입안을 시작했다. 그러자 왕의 절대권력에 불만을 갖고 있었던 많은 귀족들이 영국 정부체제와 유사한 입헌군주제를 열망하며 적극적으로 평민들 편에 가담했다. 시종일관 실용주의자였던 탈레랑은 그 흐름을 지지했다. 그는 국가의 안정을 위해 그것이 유일한 희망이라고 생각했다.

국민의회는 구체제의 종말을 선포하면서 시민의 자유와 평등, 자산 불가침, 압제에 대한 저항권이 명시된 인간과 시민의 권리선언을 발표했다. 봉건제의 관습들도 폐지되었다. 그리고 탈레랑의 촉구로 재정적 위기에서 벗어나기 위해 모든 교회 재산을 몰수했다.

1791년 프랑스 최초의 헌법은 국가를 입헌군주국으로 변화시켰다. 하지만 그 무렵 자코뱅 파(급진적 공화주의자들)가 권력을 잡기 시작했다. 1792년 8월, 자코뱅 파는 왕족을 수감시켰다. 새로 선출된 입법의회는 군주제를 폐지하고 프랑스를 공화국으로 선포하는 새로운 헌법을 제정했다. 이런 상황들이 급박하게 전개되자 탈레랑은 또다시 영국으로 도피했다.

그후 수십 년 동안 프랑스와 프랑스 정부는 많은 변화를 겪었다. 세기 말에는 나폴레옹 보나파르트가 공화주의자들로부터 권력을 찬탈했다. 1814년에 나폴레옹은 프랑스 왕가인 부르봉 가를 전복시키고 또다시 제위에 올랐다. 그의 통치는 정부 강령을 적당히 완화시킨 것이었다. 그러자 많은 사람들이 절대군주제로의 회귀로 방향을 튼, 이른바 왕정복고에 불만을 품었다. 1830년 부르봉 왕정복고는 7월 왕정과 입헌군주로 자리잡았다. 시민들의 불만은 점점 증폭되어 1848년, 혁명의 열기가 다시 한번 프랑스 전역을 휩쓸었다.

1789년에서 1848년 사이 프랑스에서는 사회적 질서에 많은 변화가 있었다. 예를 들어, 여성들은 새로운 법적·교육적 권리를 위해 싸웠다. 1790년대 초 혁명의 평등 개념에 감화받은 프랑스 여성들은 자신들만의 정치적 클럽을 구성하여 무기 소지권 같은 권리 획득을 추진했다. 그러자 정부관료들은 분노와 우려에 휩싸여 그 클럽을 불법으로 규정하면서 그들이 요구하는 권리들을 승인하지 않았다.

개인의 자유는 다른 분야에서 더욱 두드러졌다. 교회와의 완벽한 결별을 결정한 입법의회는 1792년 오직 시(市)가 허락한 결혼만을 인정하겠다고 선포했다. 결혼하고 싶은 사람들은 관료 앞에 출두해야 했다. 그러면 관료는 몇 마디 격려의 말을 중얼거린 후 그들의 결혼을 선언했다.

이혼을 원하는 남편과 아내가 도덕적으로 인정받지 못하는 그들의 연인을 모른 척하면서, 자식을 위해 서로의 견해차와 열정을 무시하도록 판사에 설득당하고 있다. 1790년대에 많은 커플들이 1792년에 발효된 프랑스 최초의 이혼법을 적극적으로 이용했다.

여성 인권의 도전

영국작가 메리 울스턴크래프트(왼쪽)는 혁명을 촉진한 이념이 실제로 사회에 주요한 변화를 몰고왔는지 확인하기 위해 1792년 12월 파리로 옮겨갔다. 평생 여성 인권에 헌신했던 울스턴크래프트에게 그런 변화는 매우 중대한 문제였다.

영국을 떠나기 전에 그녀는 〈여성의 권리 옹호〉를 출간했다. 그녀는 여성의 무력함을 슬퍼하며 여성의 완전한 시민권과 정치적 권리를 요구했다. "나는 여성이 남성을 능가하는 권한을 가지는 것을 원하는 것이 아니라 더 나은 여성의 권리를 원하는 것이다." 급진적인 것으로 간주된 그녀의 책은 영국에서 많은 이들을 분노케 했다. 소설가 호레이스 월폴은 울스턴크래프트를 '페티코트를 입은 하이에나'로 불렀다.

울스턴크래프트의 이론은 그녀 자신의 불행한 어린 시절에 뿌리를 두고 있었다. 그녀는 권세를 부리는 아버지가 어머니를 학대하는 것을 지켜보았으며, 19세가 되었을 때 폭군 아버지로부터 벗어나 스스로 생계를 꾸렸다. 처음에는 귀부인의 친구 겸 선생을 하다가 나중에는 작가가 되었다.

파리에 머무는 동안 울스턴크래프트는 미국인 선장과 사랑에 빠져 결혼을 하지 않고 딸 패니를 낳았다. 그들의 연애는 좋지 않게 끝났다. 1795년 프랑스가 외국인들에게 위험한 곳이 되자 그녀는 런던으로 돌아왔고, 그곳에서 철학자 윌리엄 고드윈과 결혼했다. 1797년 38세의 나이에 둘째 딸 메리를 낳은 후 열병으로 사망했다. 성장한 메리는 소설 〈프랑켄슈타인〉을 썼다.

이보다 한층 급진적인 움직임은, 수세기 가톨릭 전통에서 금기시했던 이혼이 허용되었다는 것이다.

사람들에게 정부보다 더 많은 영향을 미친 것은 전쟁의 혼란과 정치적 불안정이었다. 사람들은 질서와 조화와 이성을 주창하던 합리주의자들의 개념들(앞선 시대의 계몽주의를 지배했던 개념들)에 의구심을 나타냈다. 그리고 여기서 낭만주의로 불리는 예술적이고 지적인 운동이 태동했다. 낭만주의자들은 고전적 법칙보다 개인의 창조성을 조장하고, 이성보다 감정을 찬미하고, 자연과 이국의 야생의 아름다움을 사랑하고, 인간의 성격을 면밀히 고찰하고, 천재와 영웅주의를 숭상했다. 낭만주의의 개념은 즉각적이고 극적인 변화를 갈망하는 많은 사람들의 호감을 샀다. 요컨대 두 움직임(낭만주의의 지적 흥분과 혁명에 이르는 정치적 운동)은 상호보완적이었다.

일단의 위세 당당한 인물들이 열정적인 개념과 행동의 소용돌이 속으로 뛰어들었다. 작가 제르멘 드 스탈은 프랑스 낭만주의의 고고한 여사제로 여겨졌는데, 그녀의 거침없는 소신은 나폴레옹의 반감을 불러일으켰다. 마리 앙투아네트의 초상화를 그렸던 엘리자베트 비제 르브룅은 왕정복고를 지지하기 위해 망명지에서 돌아왔다. 과거 공포시대의 화가 마르크 앙투안 줄리앙은 교육적·사회적 개혁에 헌신했다. 역사가이자 정치가였던 알렉시스 드 토크빌은 1848년 혁명에서 체포당했다. 권력을 좇는 사람들과 교류하기 위해 파리로 돌아온 탈레랑 역시 그들 중 하나였다.

탈레랑의 망명은 4년 동안 지속되었다. 그 기간에 프랑스는 정치적 격동의 물결 속에서 투쟁을 멈추지 않았다. 공안위원회의 수장이었던 로베스피에르는 1793년 3월부터 1794년 6월까지 프랑스에서 요동쳤던 공포시대를 열었다. 당시 루이 16세를 포함하여 약 4만 3,000명의 사람들이 처형되었다. 그러나 다행히도 로베스피에르의 동료였던 입법의회 의원들이 그에게 등을 돌려, 1794년 6월 그의 처형과 함께 공포정치도 막을 내렸다. 그러나 피의 잔

세기의 전환기에 부유한 파리 사람들은 비단 커튼과 품질 좋은 카펫으로 치장된 방 안에서 사교활동을 하고, 장난삼아 연애를 하고, 카드놀이를 했다. 혁명시대의 유혈소동이 끝나자 사람들은 사치스런 물건들을 구입했으며, 살롱과 극장과 댄스 약속으로 달력의 일정표를 채웠다. 주방장들이 귀족의 가정에서 나와 자신의 가게를 개업하면서 식당이 급증했다.

치는 아직 끝나지 않았다. 같은 해 8월 마리 앙투아네트가 단두대의 이슬로 사라졌다. 1795년 8월, 새로운 프랑스 헌법은 5인으로 구성된 총재정부를 설립했고, 폴 드 바라스가 이끄는 총재정부는 규모가 더 큰 법 체제 위에서 실질적인 권한을 휘둘렀다.

당시 프랑스는 혁명의 물결이 자신의 정부에 밀려들 것을 두려워하던 다른 국가들과 교전을 치르고 있었다. 1792년에 프랑스는 오스트리아와 프로이센 연합을 격퇴시켰으며, 이듬해에는 오스트리아 · 프로이센 · 스페인이 연합한 새로운 동맹과 전쟁을 치렀다.

한편, 영국 의회는 프랑스 망명자들을 추방하는 법안을 통과시켰다. 탈레랑은 미국으로 이주했다. 그곳에서 그는 친구인 제르멘 드 스탈에게 이런 글을 보냈다. "여기서 1년만 더 있으면 난 죽어버릴 겁니다." 파리의 유명한 살롱 안주인이었던 스탈은 많은 권력자들과 친분이 있었다. 그녀는 탈레랑을 대신하여 활동했고, 그녀가 바라스를 설득한 데 힘입어 탈레랑은 프랑스로 돌아올 수 있었다.

1796년 파리에 도착한 탈레랑은 폭동에 싫증을 느낀 사람들이 환락을 즐기기 위해 열심히 일하고 있는 것을 목격했다. 이제 사회적 엘리트는 중간계급이었다. 혁명 이전에 성공한 사람들은 엄청난 사치를 즐기고 있었던 반면, 많은 다른 사람들은 매일매일 빵 한 조각이나 약간의 쌀로 연명하고 있었다. 사람들은 혁명보다 돈에 더 큰 관심을 가졌으며, 댄스의 유행으로 들떠 있었다. 탈레랑은 이렇게 적었다. "무도회와 구경거리와 불꽃놀이가 감옥과 혁명 위원회를 대신하고 있었다." 새로운 생활양식에 앞장선 사람들은 스스로를 메르뵈이외즈(merveilleuses), 즉 '멋쟁이'로 불렀다.

탈레랑도 메르뵈이외즈의 패션에 놀라움을 감추지 못했다. 여자들은 그리스 요정처럼 보이도록 디자인된 튜닉을 입었는데, 풍성하게 늘어진 투명한 모슬린 옷감을 통해 사실상 신체의 모든 부분이 들여다보일 정도였다. 그러

나폴레옹 보나파르트에 의해 1798년 이집트에 온 고고학자들이 스핑크스를 측정하고 있다(오른쪽). 나폴레옹은 군사원정에 과학자와 고고학자와 예술가들을 동반했다. 그들은 고대 유물을 답사하고, 그들의 발견을 기록하고, 유물을 가지고 돌아왔다. 아마도 그들의 가장 위대한 발견은 로제타 석일 것이다. 로제타 석은 이집트 상형문자를 해독하는 데 결정적인 역할을 했다. 다른 원정에서 학자들은 나폴레옹 미술관(현재 루브르 박물관)을 위해 지구상에서 가장 귀중한 예술품들을 선택했다. 위 그림은 1810년 미술관에서 황제와 수행원들이 징발된 라오콘 상의 특별 관람에 참여하고 있는 장면이다.

나 머리카락만큼은 꼭꼭 숨겨두었다. 부유한 여자들은 최소한 10개의 가발을 소지하고 있었다. 그들은 하루에도 몇 번씩 가발을 바꿔 쓰곤 했다. 남자들은 헐렁한 바지 위에 긴 자락이 달린 프록코트를 입었으며, 정교한 크러뱃(남자가 목에 두르던 스카프—옮긴이)은 아랫입술을 덮을 정도로 높이 달았다. 금귀고리로 치장된 그들의 귀는 길게 늘어뜨린 머리타래 위로 살짝 튀어나와 있었다. 한편 다른 땋은 머리는 빗과 함께 등에 고정되어 있었다. 마지막으로 남자의 의상에는 넓은 창이 달린 모자와 '실권'이라는 별칭이 붙은 옹이투성이 지팡이가 필요했다. 아마도 사소한 모욕이라도 받게 되는 상황에서 그들은 그 지팡이를 휘둘렀을 것이다.

탈레랑이 모국에 돌아온 시점부터 스탈은 그를 외무장관으로 만들기 위해 물밑작업을 벌였고, 1797년 7월 바라스는 마침내 그렇게 하기로 약속했다. 그러나 탈레랑은 프랑스의 앞날을 명확히 내다보고 있었다. 바라스는 그의 비전을 실행에 옮길 사람이 아니었다. 당파적 분쟁을 초월할 수 있는 강력한 젊은 지도자를 찾던 탈레랑은 나폴레옹 보나파르트 장군에게 눈길을 돌렸다. 당시 보나파르트는 오스트리아와의 교전을 성공적으로 이끌고 있었다(그 무렵 프로이센과 스페인은 프랑스와 평화를 유지하고 있었다). 그해 8월 보나파르트가 오스트리아가 지배하던 북부 이탈리아를 손에 넣자 탈레랑은 칭송의 편지를 그에게 보냈다. 그리고 두 사람 사이에 다정한 서한이 오가기 시작했다. 12월, 보나파르트가 파리를 방문했을 때 두 사람은 첫 만남을 가졌다.

1798년 보나파르트는 영국의 지중해 무역을 궤멸시키기 위해 학자와 과학자들로 구성된 연구팀과 함께 자신의 군대를 이끌고 이집트로 향했다. 그는 지역 전투에서 승리를 거두었지만, 그의 함대는 영국 해군에 격퇴당했다. 게다가 그의 군대는 지속적으로 지역 봉기를 진압해야 했다.

한편 파리의 총재정부는 파벌 싸움으로 인해 와해되고 있었다. 1799년 여름에 탈레랑은 파탄 직전에 이른 정부에서 사임한 후 쿠데타 음모를 꾸미기 시작했다. 그리고 10월 초, 탈레랑의 입장에서는 다행스럽게도 보나파르트가 이집트에서 귀환했다. 이집트 원정은 실패로 끝났지만, 그 패배 소식은 프랑스 국민들의 귀에 들어가지 않았다. 그들은 보나파르트를 여전히 영웅으로 바라보았다.

탈레랑은 우선 단일 지도자 체제로 총재정부를 개혁하기 위해 바라스를 설득했다. 그리고 나서 보나파르트를 그 지위에 올려놓기 위해 책략을 꾸몄다. 마침내 12월에 탈레랑은 총재정부 폐지를 도모하여 그 대신 통령정부를 설립했다. 보나파르트는 10년 임기의 제1대 통령으로 임명되었다. 탈레랑이 고안한 새로운 헌장에는 총 3명의 통령이 규정되어 있었다. 하지만 다른 두 명의 통령들은 자문역에 지나지 않았다. 이에 대한 보상으로 탈레랑은 보나파르트의 외무장관 겸 수석고문으로 임명되었다.

제1대 통령은 혁명 이후의 도덕적 해이에 강경한 입장을 취하며 프랑스의 질서와 번영을 추구했다. 하지만 그 즈음 몇몇 정부들과 사생아들을 거느리고 있던 탈레랑의 입장에서 이런 추세는 용납하기 힘든 것이었다. 결국 1802년에 보나파르트는 탈레랑에게 현재의 정부(큰 키에 푸른 눈을 가진 미인 카트린 그랑)를 포기하거나 결혼하라는 최후통첩을 했다. 탈레랑은 후자를 선택했다.

탈레랑이 결혼에 동의했지만, 당시 보나파르트가 종교협약으로 알려진 화해협정을 맺었던 가톨릭 교회는 그의 결혼을 인정하지 않았다. 비록 성직에서 해직당했지만 탈레랑은 수년 전 정절을 서약했기 때문이다. 교황 피우스 7세는 전임 주교를 그 서약에서 빠져나오지 못하도록 하려고 했다. 탈레랑과 보나파르트는 교황의 의지를 꺾으려고 애썼지만, 교황은 교서에 적힌 판결을 내세우며 한 치도 물러서지 않았다. 그러나 프랑스 어로 번역된 이 교서는 다소 애매모호했고, 교서의 모호함을 포착한 보나파르트는 교황이 축복을 내렸다고 선언했다. 그리고 탈레랑과 그랑은 서둘러 결혼식을 올렸다.

교황은 격노했지만, 프랑스에서 교회의 강력한 지위를 되찾고 싶은 마음에

그것을 크게 문제삼지는 않았다. 실제로 보나파르트가 스스로 나폴레옹 황제로 선포했을 때 황금 월계관을 건네준 이가 바로 교황 피우스 7세였다. 나폴레옹은 교황의 손을 빌리지 않고 자신이 직접 황금관을 머리에 썼다. 탈레랑은 황제의 궁전에서 대시종장이 되었으며, 나폴레옹 1세 치하에서 출세가도를 달렸다.

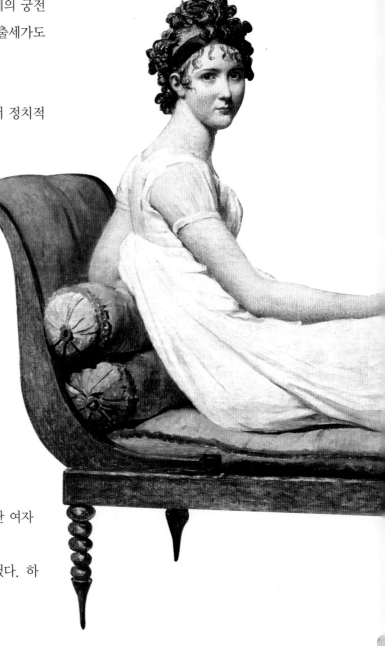

탈레랑과 달리 제르멘 드 스탈은 나폴레옹 치하에서 정치적으로 성공하지 못했다. 사실상 스탈과 나폴레옹은 서로 앙숙이었다. 1798년 1월 3일, 탈레랑의 자택에서 열린 파티에서 그녀는 프랑스의 지도자를 만났다. 보나파르트를 높이 평가하여 그에게 말을 붙이고 싶었던 스탈은 친구인 빈센트 아르노에게 자신을 장군 곁으로 데려가줄 것을 부탁했다. 아르노는 보나파르트가 학식 있는 여성을 싫어한다는 사실을 알고 있었기 때문에 그녀의 부탁을 거절하려고 했지만 스탈의 고집을 꺾을 수는 없었다. 스탈은 보나파르트의 반감에 아랑곳하지 않고 그에게 성가신 질문을 퍼부었다.

"당신이 가장 칭송하는 여자는 누구죠?"

"가정을 가장 잘 지키는 여자요."

"좋아요. 하지만 그렇다면 당신 생각에 가장 뛰어난 여자는 누구죠?"

대부분의 남자들은 이 질문에 '스탈' 이라고 대답했다. 하

| 황제 양식 |

파리를 '전설적이고, 웅대하고, 과거에 볼 수 없는' 도시로 구현하기 위해 나폴레옹은 개선문과 분수와 사원들을 건립했으며, 튈르리를 비롯한 다른 궁전들의 실내장식을 위해 건축가 피에르 퐁텐과 샤를 페르시에를 선택했다. 왕족의 거주지에는 프랑스 최고의 가구제작자·금속세공사·은세공사·직공들이 제작한 호사스러운 가구와 시설과 직물로 가득했다. 황제 역시 자신의 국가와 통치를 명예롭게 하는 예술작품들을 만들기 위해 당대 일류 화가와 조각가와 장인들에게 제작을 의뢰했다. 나폴레옹 시대의 웅대함과 화려함을 포착한 이런 예술적 시도는 황제 양식으로 불려졌다.

황제 양식은 고대 그리스와 로마의 화려함에 공감한 신고전주의에 뿌리를 두고 있었다. 그리스와 로마

의 신과 영웅들은 많은 꽃병과 잉크 통, 거울, 부조 등에 재현되었다. 가령 어떤 마호가니 세면대는 폼페이에서 발굴된 이시스 사원의 보물에서 모방한 장식 모티프를 과시하는 식이었다. 3.6m 길이의 거대한 테이블 중앙 장식에는 이집트 사원의 외관이 조각되어 있었다. 또한 날개 달린 승리의 여신상의 이미지를 모방한 빛나는 청동 촛대, 이집트 물장수를 닮은 촛대, 금색과 청색 유약을 입힌 도자기에 판독할 수 없는 상형문자로 장식한 설탕 사발도 있었다. 도공들은 세브르 왕립공장에서 세련된 자기에 이집트의 장면들을 그려넣었다.

리옹의 프랑스 직물 중심지에서 직공들은 덮개를 댄 의자·소파·침대·태피스트리·장식용 벽걸이 용도로 멋진 비단과 다마스크 직(織), 양단, 모조 표범가죽 등을 생산했다. 가구는 종종 마호가니 또는 금박과 도료를 입힌 목재로 만들었는데, 의자와 테이블의

다비드의 유명한 초상화에서 전설적인 프랑스 미인이자 살롱 여주인인 쥘리에트 레카미에가 흰 모슬린의 그리스 풍 가운을 차려입고 긴 안락의자에 기대 누워 있다. 황후 조제핀이 고전주의 양식을 선택하자, 그것이 바로 귀부인 옷차림의 표준이 되었다.

가로대와 다리에는 날개 달린 사자, 야수의 발톱, 백조 등이 조각되어 있었다.

의상 또한 황제 양식의 영향을 받았다. 귀부인 패션의 조정자였던 황후 조제핀은 종종 부풀어오른 짧은 소매가 달린, 목 부분이 깊이 패고 허리 부분이 높은 드레스를 입었다. 가볍고 풍성하게 늘어진 튜닉 코트도 한동안 유행했다. 하지만 조제핀은 등 쪽에 주름을 넣고 세련된 레이스나 황금빛 자수로 테두리를 만듦으로써 그녀의 면 퍼케일, 모슬린 또는 새틴 가운에 좀더 격식을 차린 화려한 맛을 살렸다. 또 어깨에 걸치는 면이나 캐시미어로 만든 숄, 고대 양식의 장신구나 머리빗도 좋아했다. 당시 유행에 민감한 모든 프랑스 여성들이 조제핀의 의상을 모방했다.

좋게 생각하면 황제 양식은 우아하고 화려하고 격조가 있었다. 그러나 유감스럽게도 신화적 장면, 우화적 상징, 이집트 모티프(당시에 유행) 또는 벌·별·독수리 같은 제국의 상징들 등으로 과도하게 치장되어 속된 분위기를 풍겼다. 황제 양식은 특히 의상에서 나폴레옹 몰락 이후에도 프랑스 전역에서 인기를 끌었으며, 19세기 중반까지 가구와 실내장식에 사용되었다.

그리스의 신화적 영웅 이아손이 황금양털을 잡고 있는 장면의 이 청동시계는 벽난로나 작은 테이블에 올려놓는 용도로 제작된 것이다. 시계 제작은 황제 양식의 예술작품을 생산하는 다양한 산업들 중 하나였다.

인어 모습의 손잡이를 가진
은박을 입힌 포도주 냉각기에서
날개 달린 아기 천사가
수금을 타는 켄타우루스의 등에
편안히 앉아 피리를 불고 있다.

독수리 발톱에 3개의 날개를
가진 스핑크스가 작은 대리석
탁자의 받침대 역할을 하고 있다.
게리돈이라 불리는 이런 탁자들은
종종 보관하기 쉽도록 회전하거나
한쪽으로 기울어지는 상판을 가지고 있었다.

지만 당황한 보나파르트는 이렇게 대답
했다.

"자식을 가장 많이 낳는 여자요."

보나파르트는 절을 한 후 자존심이 상한 스탈
의 손에 입맞춤을 하고 바로 자리를 떴다.

나폴레옹은 스탈 부인을 대수롭지 않게 생각했
던 것 같다. 하지만 다른 사람들은 그녀를 당대에
가장 뛰어난 여인으로 생각했다. 1766년에 안 루
이스 제르멘 네케르라는 이름으로 태어난 그녀는
스위스 출신의 중간계급 파리 시민의 딸이었다. 아
버지 자크는 유능한 재무장관이었으며, 어머니 쉬
잔 퀴드쇼는 파리에서 유명한 살롱을 운영하는 전
직 교사였다.

쉬잔은 스위스의 한 작은 마을의 목사였던 아버
지로부터 라틴 어·그리스 어·기하학·물리학을
배웠다. 한 소녀에게 이것은 특이한 교육이었다.
아버지 사후에 쉬잔은 자신의 배움을 이용하여 그
녀 계급의 여성에게 열려 있던 두 가지 직업(교사와
가정교사)으로 생계를 유지했다. 그리고 파리에서
일하는 동안 자크 네케르를 만나 결혼했다.

쉬잔은 자신의 딸을 출중한 사람으로 키우고 싶
어했다. 그래서 딸을 직접 교육하기로 마음먹은 그
녀는 어린 딸을 다른 아이들로부터 떼어놓고, 수
학·신학·언어학·역사·지리학 등을 집중적으로
가르쳤다. 그 과정이 얼마나 힘들었던지 13세의

제르멘은 신경쇠약을 앓을 지경이었다. 어쩔 수 없이 쉬잔은 교습을 중단했다. 제르멘은 사상의 세계에서 중요한 논객이 되고 싶었지만, 그녀의 어머니는 딸의 노력의 결과에 항상 비판적이었다. 수년 후 그녀의 딸이 지적인 성과로 칭송을 얻을 무렵 쉬잔은 이렇게 말했다. "이건 아무것도 아닙니다. 애초에 내가 원했던 것에 비하면 정말이지 이건 아무것도 아닙니다."

제르멘의 교육에는 어머니의 유명한 살롱에 드나드는 것도 포함되어 있었다. 어머니의 안락의자 옆의 낮은 나무의자에 앉아 제르멘은 당대 유수한 지성인들의 대화에 귀를 기울였다. 그 결과 아이의 마음을 사로잡은 문제들은 또래 아이들과 판이하게 달랐다. 다섯 살 무렵 그녀는 중년의 여인에게 이런 질문을 던졌다. "사랑에 대해 어떻게 생각하세요?"

사랑은 제르멘이 평생토록 추구한 특별한 대상이었다. 1786년 그녀는 스웨덴 남작이자 프랑스 대사인 에리크 데 스탈과 결혼했지만, 자신이 그를 사랑하지 않는다는 사실을 알게 되었다. 1년 후 딸이 태어나자 제르멘은 사랑을 찾아 다른 곳으로 눈을 돌렸다. 그녀를 숭배하는 자들이 많았기 때문에 선택은 어렵지 않았다. 그녀는 결코 미인은 아니었다. 하지만 그녀의 성격에는 사람을 끌어당기는 무언가가 있었다. 그녀는 매력을 한껏 발산했다. 그녀의 숭배자의 말을 빌리면, 그녀의 대화는 '세련된 표현, 기지 넘치는 재담, 강렬하고 심오한 생각'으로 사람들의 이목을 끌었다. 1788년, 탈레랑과 짧은 연애사건을 일으킨 후 그녀는 루이드 나르본 자작과 사랑에 빠졌다. 그리고 1790년 그와의 사이에서 첫아들 오귀스트가 태어났다.

이 무렵 스탈은 또 다른 문제들로 마음이 들떠 있었다. 그녀는 혁명과 입헌군주제 사상을 지지했으며, 자신이 열띤 소요의 중심에 있음을 기뻐했다. 스웨덴 대사관에 위치한 그녀의 살롱은 어머니의 살롱을 능가했으며, 정치적 음모의 중심지가 되었다. 1791년 영향력 있는 친구들의 도움으로 그녀는 나르본을 국방장관 자리에 앉히는 데 성공했다.

중년의 제르멘 드 스탈이 통령정부 시대에 프랑스에서 유행한 이집트 풍의 터번을 쓰고 있는 모습. 그 시대의 가장 위대한 작가 중 하나로 평가받았던 스탈은 낭만주의 사상의 확산에 일조했다.

그러나 그녀가 인정하지 않는 보다 급진적인 세력이 권력을 손에 넣으면서 상황이 변했다. 자코뱅 파가 자신의 친구들의 생명을 위협하자 그녀는 스웨덴 대사관에 그들 몇몇을 숨겨주었다. 그중에는 나르본도 포함되어 있었다. 1792년 8월 말, 일단의 군인들이 그녀의 집에 들이닥쳐 수색을 요구했다. 스탈은 대사관 예배당 제단 아래 나르본을 급히 숨겼다. 그리고 군인들을 설득하여 돌려보낸 후, 나르본을 영국으로 피신시키기 위해 재빨리 조치를 취했다. 그리고 얼마 후 그녀 또한 프랑스를 떠났다.

1795년 공포정치가 막을 내리자 스탈 부인은 새로운 연인 뱅자맹 콩스탕과 함께 파리로 돌아왔다. 후일 뱅자맹은 저명한 작가되었다. 여전히 국가의 장래를 염려하던 스탈은 프랑스를 구하려는 일념에서 공화당파와 왕당파의 통합을 위해 발벗고 나섰다. 그러자 그녀와 왕당파와의 관계를 의심한 정부가 그녀를 국외로 추방했다. 스탈은 스위스 코페에 위치한 가족 영지에 거주하는 동안 이렇게 적었다. "우주는 프랑스 안에 있다. 그 바깥에는 아무것도 없다."

스탈은 자신이 적었던 것처럼 '연주하고 싶은 악기가 될 수 있고 정신을 부활시키는' 문장에 대해서도 열정적이었다. 그녀는 쉼없이 생각을 기록하는 다작 작가였다. 그의 한 친구는 이렇게 적고 있다. "머리를 손질하는 동안이건 아침을 먹는 동안이건, 사실상 하루의 3분의 1을 저술에 매달렸다." 새로운 세기가 시작될 무렵 그녀는 15권의 작품을 저술했다.

1796년에 발표된 〈정열이 개인과 국가의 행복에 미치는 영향에 관하여〉에는 공포정치 같은 국가적 사건에 의해 폭발된 강렬한 감정이 반영되어 있었다. 이 작품에서 그녀는 혁명의 개념을 옹호했지만, 자코뱅 파에 의한 피비린내나는 통치는 개탄했다. 역사와 감각뿐만 아니라 정치와 감정의 관계를 설명한 이 책은 유럽 낭만주의의 대표적 저작이 되었다.

진흙탕 길에 널빤지를 밀어넣은 야바위꾼이 파리의 한 가족에게 널빤지 사용료를 요구하고 있다. 1800년대 초 한 방문객의 기록에 따르면 파리 거리는 '쓰레기로 가득했으며 끈적끈적한 진흙으로 뒤덮여 있었다.'

19세기 초반 부르주아 가정의 거실에서 차를 즐기고 있는 한 사내. 이와 같은 장작난로는 대개 대기실과 작은 방에 놓여졌다. 큰 방은 벽난로로 난방을 했다.

이듬해에 스탈에게 파리로의 귀환이 허락되었다. 그녀는 알베르틴이라는 이름의 딸을 출산하기 위해 남편과 함께 스웨덴 대사관으로 이사했다. 일설에 따르면, 알베르틴의 아버지는 콩스탕이라고 한다. 출산 직후에도 그녀 주위로 사람들이 몰려들었다. 한 방문객은 이렇게 기록하고 있다. "마침내 스탈 부인이 딸을 출산했다. 그러자 순식간에 그녀의 방에 15명 이상의 사람들이 찾아왔다."

1800년에 스탈은 자신의 가장 위대한 작품 〈사회제도와의 관계 속에서 고찰해본 문학론〉을 발표했다. 이 책에서 그녀는 이렇게 적었다. "나는 문학에 미친 종교와 윤리와 법의 영향, 그리고 종교와 윤리와 법에 미친 문학의 영향을 검토하고자 한다." 이 책은 개인 대 국가, 사상의 자유, 교육적·과학적·윤리적 진보 같은 다양한 주제를 다루고 있다.

스탈에 따르면, 문명의 발전은 지적 성장과 함께 감수성을 필요로 한다. 인간정신이 진보하려면 정치적 통제에서 자유로워야 한다. 문학의 진보는 작가들이 속한 정부형태에 달려 있다. 계속해서 그녀의 주장은 이렇다. 민주정에서는 작가들이 대중적 취향에 맞는 작품을 양산한다. 작가들이 엘리트층을 위해 글을 쓰는 귀족정에서는 수준 높은 예술이 요구되지만 독창성과 열정이 결여되어 있다. 문학에 있어 최악의 상황은 절대군주제이다. 절대군주들은 사상과 혁신과 자유를 숨막히게 한다.

특히 그녀의 마지막 주장은 보나파르트를 격노하게 만들었다. 제1대 통령으로서 보나파르트는 이미 신문과 극작품에 대한 검열을 시작하고 있던 터였다. 예를 들어, 볼테르의 〈카이사르의 죽음〉은 브루투스의 연설이 독재자를 비난했다는 이유로 금지되었다. 그러나 프랑스의 지도자가 불쾌함을 표명했음에도 불구하고 〈사회제도와의 관계 속에서 고찰해본 문학론〉은 성공을 거두었으며, 1800~1801년 겨울 사람들은 스탈의 살롱에 몰려들었다. 그녀는 자신이 가장 좋아하는 일, 즉 사랑하는 파리에서 정치와 삶과 예술에 관해 대화를 나누며 천국에서 살았다. 그녀는 이 세상에 프랑스 수도 파리에 견줄 만한 곳은 어디에도 없다고 생각했다.

그러나 1800년에 파리를 방문한 방문객이라면 대부분 스탈의 평가에 동의하지 않았을 것이다. 프랑스의 수도는 혁명의 여파로 10년 동안 파괴당하고 무시되었다. 귀족의 가옥들은 약탈당한 후 방치되어 황폐해졌다. 전쟁으로 손상된 기념물들은 당장이라도 무너질 태세였다. 거리를 보수할 돈이 없었기 때문에 포석(鋪石)은 기울고, 바퀴 자국은 깊이 패어 있었다.

도로 배수구는 잔해물로 막혀 있었다. 파리 시민들은 집안 쓰레기를 폭우에 의존해 처리해야 했다. 1802년 7월, 한 지역신문은 사람들에게 도시 청소를 간청했다. "아주 무더운 날씨다. 도로의 표면은 데일 듯이 뜨겁다. 시궁창은 괴어 있고 썩은 악취가 진동한다. 그러므로 거리를 물로 깨끗이 청소해야 한다! 여러분 자신의 이익을 위해서도 청소를 해야 하며, 경찰도 청소를 명령하고 있다."

주민들은 거리 청소를 내켜 하지 않았다. 그들은 주로 바퀴가 달린 물통을 밀며 거리에서 거리를 지나는 행상인으로부터 양동이 단위로 물을 구입했다. 도시의 안뜰에 있는 몇 개 안 되는 우물과 60여 곳의 마실 수 있는 샘물은 종종 말라붙었고, 따라서 행상인들이 파는 물은 대부분 오염된 센 강에서 직접 떠온 것이었다.

불편한 점은 그뿐이 아니었다. 밤거리에 어둠이 깔리면 기름을 태우는 4,000개의 가로등에 불을 켜는데, 그 빛이 어둡기 짝이 없었다. 그래서 밤이 되어 극장을 떠나는 사람들은 종종 안전을 위해 집까지 안내할 등불 운반인을 돈을 주고 사야 했다.

일반적인 주거형태는 부자와 가난한 사람들이 하나의 주택에 함께 거주하는 아파트였다. 혁명 이후 대부분의 주택들은 층마다 세를 놓았는데, 그 공간은 계급에 따라 할당되었다. 대개 1층에는 상인들의 가게가 있었다. 그리고 그 위로는 부자와 부르주아, 노동자 계급과 가난한 사람들이 순서대로 거주했다. 난방으로는 넓은 방에 좀더 효율적인 장작난로가 아닌 벽난로를 사용했다. 그 때문에 모든 계급의 사람들이 난방 부족으로 고통을 겪었다. 심지어 보나파르트도 종종 접견하는 동안 온기를 유지하기 위해 벽난로 선반에 몸을 기대곤 했다고 한다.

보나파르트와 스탈의 관계는 냉랭했다. 해가 지날수록 그들의 관계는 점점 더 소원해졌다. 애초에 보나파르트는 살롱 세계에서 그녀가 가지고 있는 권력에 반감을 가지고 있었다. 그녀의 살롱에 그의 정책을 반대하는 사람들이 많이 모여들었기 때문이다. 그러나 스탈은 자신의 견해에 대해 국제적으로

지휘자(오른쪽)가 지휘봉을 흔들고 있을 때 젊은 징집병이 구경꾼들에게 손을 흔들며 사랑하는 사람들에게 작별을 고하고 있다(왼쪽 끝). 1807년에 포르트 생 드니 개선문에서 즐겁게 행진하는 젊은이들이 나폴레옹의 군대에 합류하고 있다. 당시 유행했던 '들뜬 기분으로 떠나는 징집병들은 본심이 아니라네' 라는 노래는 좀더 냉정한 시각을 보여준다.

지지자들을 얻기 시작했다. 그리고 1802년 처녀작 〈델핀(Delphine)〉을 발표했다. 사람들의 통념에 따라 살아갈 수 없기 때문에 고통을 겪는 뛰어난 정신과 지성의 소유자인 한 여인에 관한 이야기였다. 이 책의 페미니스트적인 어조와 이혼에 대한 옹호, 그리고 여자와 남자에 대한 사회의 이중 잣대의 고발은 보나파르트의 심기를 불편하게 했다. 그는 이 책을 자기 정부에 대한 비난으로 간주했다. 실제로 책의 표지에서 스탈은 대담하게도 이렇게 주장했다. "작가들은 현재가 아닌 미래를 전달해야 한다. 왜냐하면, 그들은 개화되었지만 침묵하는 프랑스를 위해 글을 쓰고 있기 때문이다." 물론 이것은 보나파르트의 검열정책에 대한 노골적인 비난이었다.

스탈의 작품이 유럽 전역에서 칭송을 받자 보나파르트는 이 작가를 청산해야 할 세력으로 생각했다. 1803년 10월, 보나파르트는 파리로부터 180km 떨어진 곳으로 스탈을 추방했다. 크게 낙담한 스탈은 그의 감정을 누그러뜨리기 위해 서한과 밀사를 보냈다. 하지만 보나파르트는 강경한 입장을 고수했다. 딸의 운명을 전해들은 스탈의 아버지는 이렇게 조언했다. "역경 앞에 당당히 고개를 들어라. 그리고 지구상의 어떤 사내가 아무리 강력한 권력을 손에 쥐고 있을지라도 그에게 굴복하지 마라라."

스탈의 불운한 추방은 10년 이상 지속되었다. 이 시기에 그녀는 독일과 영국을 여행하며 글쓰기를 계속했으며, 작품을 통해 종종 보나파르트를 공격했다. 스탈은 보나파르트를 '말 등에 올라탄 로베스피에르'로 불렸으며, 그에 대해 전 유럽이 항쟁해야 한다고 주장했다. 보나파르트는 그녀의 이름을 들먹일 때면 안색을 바꾸며 분노했다. "이 세상에서 그녀보다 더 사악한 인간은 없다."

사실 제르멘 드 스탈에 대한 나폴레옹 보나파르트의 태도는 모든 여자들에 대한 그의 태도와 같았다. 그는 여자들이 자신의 본분을 지켜야 한다고 생각했다. 1804년 3월, 도시 행정의 초석이 되는 나폴레옹 법전이 통과되며, 여성들은 1790년대에 획득했던 권리들을 박탈당했다. 아내는, 남편이 정부를 집에 데려오지 않는 한 이혼소송을 더이상 제기할 수 없었다. 한편, 남편은 아내의 모든 불륜행위에 대해 이혼을 요구할 수 있었다. 만약 어떤 여자의 불륜이 들통났다면 그녀는 감옥에 수감될 수 있었다. 또한 결혼한 여자들은 독립적으로 계약을 맺거나 소송을 제기하는 것이 금지되었다.

1810년 스탈은 자신의 최신작 〈독일론〉의 출간을 감독하기 위해 프랑스(파리는 아님)로 돌아왔다. 그녀의 작품은 독일에 대해서는 비록 긍정적인 측면으로 평가했지만, 나폴레옹에 대해서는 거리낌없이 가시 돋친 말을 쏟아냈다. 그러나 〈독일론〉은 출간되기 전에 이미 황제가 그 즈음 설립한 도서검열청에 보내졌다. 물론 나폴레옹은 그 책의 출간을 금했다. 그는 다른 지역에서도 그 책이 출간되지 않도록 단단히 조치를 취했다. 황제의 명령에 따라 경관들은 스탈의 책이 인쇄되던 공장을 급습하여 〈독일론〉의 활자 조판을 파손하고 교정지를 압수하여 폐기처분했다.

그러나 스탈은 자기 작품의 교정쇄와 약간의 복사본을 몰래 빼돌림으로써 강력한 적수의 의표를 찔렀다. 1813년 〈독일론〉은 영국에서 출간되어 금세 선풍적인 인기를 끌었다. 그러나 나폴레옹에 대한 이런 승리보다 더 큰 승리가 그녀를 기다리고 있었다. 1814년, 마침내 자신이 사랑하는 도시 파리로 돌아오게 해준 사건들이 발생했다.

이 사건들의 뿌리는 1804년으로 거슬러올라간다. 대관식을 마친 황제는 서유럽 전역을 정복하기 위해 나섰다. 수십만의 사내들이 그의 군대에 징집되었다. 그 군대는 나폴레옹의 제국과 권력 확장을 위해 전투를 거듭했다. 그러나 1808년 초, 나폴레옹의 군대는 뼈아픈 패배를 경험하기 시작했다. 프랑스 국민들은 끊이지 않는 전쟁과 죽음에 점점 환멸을 느꼈다. 게다가 1812년에 나폴레옹은 치명적인 실수를 했다. 러시아 침공을 감행했던 것이다. 혹독한 러시아의 겨울과 횡행하는 질병은 그의 군대를 파멸로 이끌었다. 프랑스로 귀환한 황제는 자신의 군대뿐만 아니라 심지어 파리에서조차 대중적인 인기를 잃었다. 유럽 연합군은 약해진 프랑스 지도자에게 결정적 타격을 가하기 위해 프랑스로 진격했다.

1814년 봄, 마침내 나폴레옹은 실각하여 이탈리아 연안의 엘바 섬으로 유배되었다. 1815년에 그는 다시 파리로 돌아와 백일천하로 불리는 짧은 기간 동안 프랑스를 통치했지만, 다시 한번 전쟁에서 패배한 후 영구 추방을 당했다. 나폴레옹의 추방 덕분에 스탈은 망명지로부터 돌아올 수 있었다. 파리로 돌아온 스탈은 1817년에 뇌일혈로 사망했고, 그녀의 가장 중요한 작품 〈프랑스 혁명에 대한 고찰〉은 사후 출간되었다. 입헌군주제를 옹호했던 그 책은 프랑스 자유주의자들에게 일종의 경전이 되었다. 그들은 혁명과 나폴레옹이 무엇을 가지지 못했는지 다음 정부가 깨닫게 되기를 소망했다.

1814년 3월, 나폴레옹의 첫 번째 실각 직후 엘리자베트 비제 르브룅은 루브시엔의 농가에서 잠자리를 준비하고 있었다. 58세의 예술가는 파리에서 24km 떨어진 작은 마을에서 여름을 보내는 것을 좋아했다. "멀리 센 강의 흐름이 한눈에 내다보이는 광활한 전경에 나는 이끌렸다. 말리의 웅장한 숲, 잘 손질된 과수원들을 보면 마치 약속의 땅에 들어선 듯한 기분이 든다."

르브룅이 막 침대에 누웠을 때 스위스인 하인 조제프가 부리나케 그녀의 방으로 들이닥쳤다. 그는 프로이센 인들이 마을을 침입하여 지금 근처 가옥들을 약탈하고 있다고 알렸다. 그러나 그녀가 미처 반응하기도 전에 3명의 침입자들이 그녀의 방으로 밀어닥쳤다. 후일 그녀는 이렇게 회상했다. "심하게 일그러진 표정의 그들이 칼을 휘두르며 내 침대로 다가왔다. 조제프는 내가 스위스 시민이며 앓아누운 여인이라며 독일어로 소리쳤다. 하지만 그들은 아무 말 없이 침대 옆 테이블에 놓인 금박 담뱃갑을 뒤졌다. 병사들은 4시간 동안 농가를 휘젓고 돌아다니며 물건들을 약탈했다. 하지만 예술가와 하인은 해치지 않았다."

일단 프로이센 인들이 사라지자 르브룅은 생제르망 마을에 은신처를 구하려고 했다. 하지만 곧 도로가 안전하지 않다는 사실을 알게 되었다. 그녀는 물 펌프를 보관하는 근처 말리의 한 건물에서 다른 5명의 여인들과 함께 잠을 잤다. 그녀는 자신이 운이 좋았다고 생각했다. 후일 르브룅은 이렇게 적었다. "시골 사람들은 포도원에서 야영을 하며 밀짚 위에서 잠을 청했다. 그들이 가진 모든 것을 약탈당했기 때문이다."

루브시엔의 병사들은 나폴레옹을 진압하기 위해 프로이센·오스트리아·러시아와 영국에서 보낸 침략군의 일부였다. 르브룅의 집이 약탈당하고 나서 며칠 후인 3월 30일, 7만 명의 외국군대가 파리를 공격했다. 나폴레옹은 침략군에 맞서기 위해 파리에 남아 있지 않았다. 새벽 2시, 프랑스 정부는 공식적으로 항복했다. 그러자 나폴레옹이 고위각료로 재임명했음에도 불구하고 사실상 비밀리에 황제 축출을 도모했던 탈레랑이 침략군의 지도자들을 만났다. 곧이어 프랑스 의회는 나폴레옹을 폐위시키고 새로운 임시정부를 설립했다. 탈레랑은 국무회의 의장이 되었다.

탈레랑은 부르봉 왕조를 복귀시키는 것이 프랑스의 안정을 위한 유일한 희망이라고 판단했다. 이를 위해 그는 루이 16세의 동생인 프로방스 백작을 왕위에 올리는 음모를 꾸몄다. 영국에 거주하는 땅딸막한 프로방스 백작은 루이 18세로 자처했다. 루이 18세는 입헌군주제 통치를 조건으로 왕권을 제의 받았다.

헌법은 양원제 의회(귀족층에서 왕이 선정한 상원과 전국의 선거인단에 의해 선출된 하원)를 규정했다. 대략 10만 명에 불과했던 선거인단은 상당한 세금을 지불함으로써 자격을 얻을 수 있었다. 하원의원이 되고자 하는 사람은 선거인단이 지불하는 세금보다 3배 더 많은 세금을 지불해야 했다. 루이 18세는 헌법헌장에 동의했지만, 왕위에 올라서는 법적 증서가 아니라 왕의 칙령에 의해서만 그것의 타당성을 인정할 수 있다고 주장했다. 탈레랑은 왕의 외무장관이 되었다.

루이 18세가 왕권을 주장하기 위해 곧 파리에 도착한다는 소식을 접한 열렬한 왕당파 지지자 르브룅은 수도를 향해 출발했다. 파리에 도착한 후 일요일에 르브룅은 교회로 행차하는 새로운 왕을 구경하기 위해 몰려든 군중에 합류했다. 혁명 이전에 안면이 있던 예술가를 발견한 루이 18세는 그녀에게 인사하기 위해 걸음을 멈췄다. 후일 르브룅은 뿌듯해하며 이렇게 술회했다. "왕은 내게 온갖 찬사를 늘어놓았다. 그는 다른 여인들에게 접근하지 않았다." 프티부르주아(소시민) 계급, 즉 낮은 중간계급 출신으로 인생을 시작한 한 여인에게 영광의 순간이었던 것이다.

1755년 4월 16일 파리에서 태어난 에리자베트 비제 르브룅은 초상화가인

엘리자베트 비제 르브룅이 팔레트와 붓을 손에 들고 이젤에 그림을 그리고 있는 모습의 자화상. 자신이 일원이었던 로만 아카데미아 디 산 루카를 위해 1790년에 그린 그림이다.

루이 비제와 전직 미용사인 잔 사이에 태어났다. 루이는 자신의 그림을 결코 비싼 값에 팔지 않았지만, 그의 가족은 경제적으로 별 부족함 없이 생활할 수 있었다. 그후 그는 루이 15세의 정부 마담 드 퐁파두르의 첫 번째 초상화가의 지위에 올랐음에도 불구하고 딸과 같은 명성을 얻지는 못했다.

여섯 살에 엘리자베트는 수녀원으로 보내졌다. 그곳에서 그녀는 분명 윤리와 사회적 품위에 대한 제한된 가르침(대다수 사람들의 생각에 소녀들이 알아야 할 교육이었다)밖에 교육받지 못했을 것이다. 그러나 엘리자베트는 품위보다 미술에 더 많은 관심을 보였다. "난 항상 사방에 낙서를 끼적거렸다…… 기숙사 벽에 목탄으로 인물과 풍경을 스케치했는데, 그것은 품위를 손상하는 행위였다."

루이 비제는 딸이 '온종일 그의 페인트와 크레용을 가지고 놀 수 있도록' 허용하면서 딸의 용기를 북돋아주었다. 11세가 되어 엘리자베트는 수녀원을 떠났다. 그후 아버지 친구인 화가들이 그녀에게 미술을 가르쳤다. 루이는 딸이 자신의 화실에서 시간을 보낼 수 있도록 배려했다. 심지어 그녀의 어머니는 딸의 초상화를 위해 세미누드로 자세를 취해주기도 했다. 왕립미술원의 라이프 드로

광기: 매혹과 개혁

창조성을 촉발하는 광기와 천재성 사이에 연관성이 있다고 믿었던 로마의 작가들과 화가들은 종종 광기를 주제로 사용했다. 프랑스 화가 테오도르 제리코는 매우 사실적이면서도 동정심을 품게 만드는 광인의 초상화(위)를 여러 점 남겼다.

동시에 프랑스 의사 필리프 피넬의 개혁 덕분에 많은 사람들이 새로운 시각으로 광기를 조명하기 시작했다. 1792년 남자들만 수용되어 있는 정신병원의 수석의사였던 피넬은 3, 40년 동안 정신이상자들을 묶고 있었던 사슬을 제거했다. 1794년 그는 여자들이 수용되어 있는 정신병원에서도 동일한 조치를 취했다. 정신이상자들을 야수처럼 대하는 대신 피넬은 수용자들과 대화를 나누고 그들에게 의미 있는 활동을 제공했다.

잉 과정에는 여성 화가들의 입학이 금지되어 있었기 때문이다. 라이프 드로잉은 회화의 최고 장르로 간주되었던 역사화를 그리기 위한 필수적인 기법이었다. 따라서 여성 화가들은 대개 초상화와 정물화 같은 좀더 수준 낮은 장르의 그림을 그렸다.

열두 살이 되었을 때 엘리자베트의 아버지는 세상을 떠났지만, 그녀는 예술적 경력을 계속해서 쌓아나갔다. 10대의 나이에 그녀는 벌써 그림에 대한 수수료를 받기 시작했다. 그리고 1776년 화가이자 미술 거래인인 장 바티스트 르브룅과 결혼했다. 대부분의 여자들이 재정적 안정을 얻기 위해 결혼했지만 엘리자베트는 그렇지 않았다. "난 이미 많은 돈을 벌었기 때문에 미래에 대해 그리 걱정하지 않았다." 정작 그녀의 걱정거리는 자신이 벌어놓은 돈의 관리였다. 프랑스 법에 따르면, 결혼한 여자의 돈은 남편의 재산이 되었기 때문이다. 실제로 훗날 그녀는 이렇게 주장했다. "르브룅은 방탕한 여자와 도박에 푹 빠져 지내면서 그의 재산과 내 재산을 모두 거덜냈다." 그러나 가족의 집과 자신이 경멸하는 의붓아버지로부터 벗어나려는 간절한 심정으로 그녀는 르브룅의 프러포즈를 받아들였다.

1778년 비제 르브룅은 난생 처음 프랑스 왕비 마리 앙투아네트를 그리는 조건으로 수수료를 받았다. 그리고 두 여인들 사이에 다정한 관계가 싹트기 시작했다. 비제 르브룅의 왕립미술원 입학이 용인된 것도 마리 앙투아네트가 힘을 써준 덕분이었다. 살롱에서 작품 전시(파리의 연례 미술 전시회)를 할 수 있는 화가들의 필수요건이 바로 왕립미술원의 회원이 되는 것이었다. 왕비의 개입 이전에 왕립미술원은 르브룅의 수준 높은 작품과 날로 높아지는 명성에도 불구하고 정회원 자격 부여를 거부했다. 그것은 두 가지 이유에서였다. 첫째, 그녀의 남편이 미술 거래인이라는 것이었다. 왕립미술원은 비즈니스와의 관련성이 순수예술인 회화의 지위에 손상을 입힌다고 생각했다. 둘째, 비제 르브룅이 여자라는 것이었다. 왕립미술원은 여성 화가의 입학을 꺼려했다. 1770년 이래로 왕립미술원은 한 시기에 4명으로 여성의 수를 제한했다. 다행히도 1783년에는 여성이 두 명뿐이었다. 왕비는 왕립미술원이 르브룅의 전문성을 놓치고 있다고 주장했고, 그 얼마 후 비제 르브룅은 회원 자격을 얻었다.

1789년 비제 르브룅은 직업적인 호황기를 누렸다. 그러나 혁명 직전의 프랑스는 열렬한 왕당파이자 일편단심 마리 앙투아네트 지지자에게 적합한 곳은 아니었다. 반왕당파의 얘기에 충격을 받은 그녀는 프랑스를 떠나기로 결심했다. 측근들은 개인 마차 대신 공공 역마차를 타고 익명으로 여행하라고 조언했다. 10월 6일 자정경, 비제 르브룅의 남편과 오빠는 그녀와 아홉 살배기 딸 줄리를 마차까지 호위했다. 마차를 타고 그들은 파리에서 벗어나 로마로 향하는 여정의 첫 구간인 리옹에 도착했다.

"고대에 제단을 올렸던 사람이
바로 여기 있도다."

그후 10년 동안 화가와 그녀의 딸은 이 나라 저 나라를 전전하며 망명지에서 생활했다. 비제 르브룅은 많은 유럽 귀족들의 초상화를 그렸으며, 몇몇 예술원에 초빙받았다. 1792년 혁명정부는 비제 르브룅을 비롯하여 다른 망명자들의 시민권을 박탈했다. 그리고 2년 후 공포정치 기간에 르브룅의 남편은 그녀와 이혼했다. 왕당파주의자 아내와 결별함으로써 자신과 자신의 재산을 보호하기 위해서였다.

1799년 통령정부가 들어서자 비제 르브룅은 프랑스로의 귀환을 고려하기 시작했다. 그리고 1802년 통령정부의 한 관리로부터 안전을 보장한다는 회신을 받고 파리로 돌아왔다. 그러나 앙시앵 레짐의 매력을 잃어버린 나폴레옹 체제의 변화에 반감을 느껴 곧바로 파리를 떠났다. 그후 몇 년 동안 르브룅은 간헐적으로 파리를 들락거리며 해외를 여행했다. 1809년 르브룅은 르브시엔에 집을 구입해 파리의 공동주택과 번갈아가며 사용했다.

르브룅의 동료 화가들이 모두 나폴레옹 체제의 프랑스와 그 지도자에 대해 반감을 가졌던 것은 아니다. 1748년 파리에서 태어난 자크 루이 다비드는 나폴레옹 보나파르트에 대해 이렇게 말했다. "고대에 제단을 올렸던 사람이 바로 여기 있도다." 다비드는 열렬히 혁명을 지지했으며, 1793년 보안위원회에 임명되어 근 300건에 달하는 사형영장에 서명했다. 그는 왕립 아카데미의 폐지와 이를 대신하는 프랑스 학술원 설립에도 기여했다. 학술원에서는 여성이 직책을 갖는 것이 전면 금지되었다. 다비드는 공포정치가 막을 내린 후 잠시 투옥되기도 했지만, 결국 나폴레옹의 공식 화가로 등극하여 그의 초상화를 그렸다. 물론 비제 르브룅과 다비드의 관계는 적대적이었다. 혁명 이전에 그는 궁전에서 르브룅을 아첨꾼이라 불렀다.

당당하고 사실적인 다비드의 작품은 비제 르브룅으로 대표되는 18세기 양식과 낭만주의 화가들(다비드의 제자 앙투안 장 그로 포함)의 정열적인 작품들 사이에서 징검다리 역할을 했다. 1771년에 태어난 그로는 낭만주의 화법의 생생한 색채(고전주의 화가들에 의해 위험하게 여겨졌던 감정적 요소)와 생동감에 이끌렸다. 그로는 낭만주의 화법을 발전시킨 선두주자가 되었다. 1815년 나폴레옹의 마지막 패배 이후 망명한 다비드의 화실을 떠맡은 이가 바로 그로였다.

어릴 적부터 그로와 알고 지냈던 비제 르브룅은 그가 루이 18세의 공식 화가가 되었다는 소식에 기쁨을 감추지 못했다. 르브룅은 이렇게 적었다. "그로는 다른 화가들과 다른 방식으로 자신을 표현했다. 그는 항상 독창성 넘치는 이미지를 찾아 자신의 생각을 전달했다. 이를테면, 그는 자신이 말하는 대로 그림을 그렸다." 그러나 1815년 이후 과거 스승이었던 다비드의 권유로 신고전주의 양식을 선택하면서 그로의 작품들은 질적으로 후퇴하기 시작했다. 물론 낭만주의 양식보다 고전주의 양식을 더 선호했던 루이 18세는 그런 변화를 흡족해했다.

그러나 왕의 편향된 애호에도 불구하고 낭만주의 미술은 1820년대에 화려하게 꽃피기 시작했다. 아이러니컬하게도 낭만주의 화가들은 애초에 루이 18세를 지지했었다. 왕이 옹호하는 군주제와 기독교 교리가 그들에게 과거의 향수를 불러일으켰기 때문이다. 하지만 나폴레옹이나 루이 16세와 마찬가지로 루이 18세 역시 정부를 미화하는 그림을 원했다. 이런 그림들은 낭만주의자들의 상상력을 질식하게 하는 것이었다.

과거에 비제 르브룅 같은 화가들은 왕족과 귀족 후원자들을 위해 그림을 그렸으며, 군주제를 지지하는 고전적·영웅적 주제들에 중점을 두었다. 하지만 낭만주의 화가들은 스스로를 위한 그림, 사적인 진실을 표현하는 그림을 더 선호했다. 그들을 또한 부르주아 계급에 팔기 위해 일상생활의 장면들도 화폭에 담았다. 부르주아들이 고대 영웅들보다 이런 장면들의 묘사를 더 좋아했기 때문이다. 다비드의 몇몇 작품들에 대해 한 비평가는 이렇게 적었다. "거대한 화폭에는 고대 조상들로부터 영감을 받은 30명의 누드 인물들이 담겨 있었다…… 그야말로 매우 훌륭한 작품이었다. 하지만…… 그런 묘사들은 다소 지루하게 느껴졌다."

비제 르브룅은 루이 18세와 다른 화가들의 충돌에도 아랑곳하지 않고 무조건 왕을 찬양했다. 그녀가 보기에 루이 18세는 프랑스에 다시 문명을 가져다준 은인이었다. "비록 상황은 힘들었지만 프랑스와 프랑스의 왕은 보나파르트가 파놓은 심연의 구렁텅이에서 벗어나 기품 있게 다시 등장했다." 그녀의 기록에 따르면, 다른 무엇보다도 루이 18세는 문학에 대한 담론을 즐겼을 뿐 아니라 젊은 시절에는 시를 썼고, 학자들과 라틴 어로 얘기했으며, 파리의 가장 중요한 극장인 코메디 프랑세즈(프랑스의 국립극장–옮긴이)를 사랑했다.

"나는 보나파르트의 돈보다 루이 18세의 정중함을 더 좋아한다." 프랑스의

1819년 파리에서 가장 유명한 극장 앙비귀 코미크에서 멜로드라마 〈예루살렘 점령〉의 무료 공연이 열리자 군중이 구름같이 몰려들고 있는 장면. 한 경비원이 그들을 막으려고 하지만 불가항력이다. 1790년대 초반 이래 정부에서는 종종 무료 공연을 제공하는 극장 소유주들에게 보조금을 지급했다.

프랑스 시골의 여관에 승객을 내려놓기 위해 만들어진 역마차 정거장. 중계역은 대략 16km(마차로 1시간에 이동할 수 있는 거리)마다 위치해 있었다. 그곳에서 말들에게 사료와 물을 먹이거나 말을 교체할 수 있었다. 음식과 식수, 그리고 하룻밤의 숙박을 제공하는 정거장은 피곤에 지친 여행자들에게 환영받는 휴식처였다.

주요한 배우였던 프랑수아 조제프 탈마가 코메디 프랑세즈에서 왕을 알현하고 나서 한 말이다. 나폴레옹은 자신의 통치기간에 극장을 후원하고 여러 차례 탈마를 만찬에 초대했으며 그 배우에게 재정적 보답을 후하게 했다. 그러나 그는 파리에서의 극장 설립을 제한했으며, 작품에 대해 엄격한 검열을 실시했다. 루이 18세 치하에서는 검열제가 완화되고, 배우와 작가들이 맘껏 활동할 수 있는 행복한 공간이 조성되었다.

왕정복고 기간에는 나약한 정부와 유명인사들의 어리석은 행동이 종종 풍자의 대상이 되었다. 때로는 극장을 찾아오는 사람들 중에서 적대적인 파벌끼리 패싸움을 하는 상황이 벌어지기도 했다. 군주제의 완전 복구를 도모하는 초왕당파, 입헌군주제를 지지하는 자유주의자, 혁명의 원칙으로 돌아가고자 하는 공화주의자, 나폴레옹이나 그의 아들의 왕위 등극을 갈망하는 보나파르트주의자가 그들이었다. 이런 다툼으로 인해 프랑스 극장에는 휴대품 보관소가 신설되었고, 관람객들은 지팡이나 우산 같은 무기로 쓰일 만한 물건들을 그곳에 맡겨야 했다.

대중들은 코메디 프랑세즈 같은 국립극장에서 상연되는 대형 작품보다 거리 극장에서 구경할 수 있는 오락물을 더 좋아했다. 그곳에서는 각양각색의 희극과 광대극, 통속극들이 펼쳐졌다. 중요한 정치적 인물의 살해나 파리 식물원의 기린 입주 같은 다양한 사건들과 관련된 장면의 초고가 만들어졌다. 프랑스에서 가장 인기있는 극작가는 프랑스 희곡의 대가 오귀스탱 외젠 스크리브였다. 스크리브는 부르주아의 도덕과 생활을 묘사한 최초의 극작가였다. 그는 19세기 프랑스 희곡에 종교적이고 자유로운 정치사상을 혼합시켰다.

왕정복고 기간 말미에 가서야 비로소 인기를 얻기 시작한 열정적이고 멜로드라마적인 낭만주의 희곡과 스크리브의 작품은 판이하게 달랐다. 1829년에 무대에 올라 성공을 거둔 최초의 낭만주의 희곡은 1829년 프랑스 르네상스에 대해 알렉상드르 뒤마가 쓴 〈앙리 3세와 그 궁정〉이었다. 혁명으로부터 영감을 받은 이 희곡의 대학살·투옥·탈출·살인 등과 같은 소재는 점잖은 신고전주의와 놀라우리만치 대조적이었다. 이외에도 성공을 거둔 낭만주의 희곡으로는 16세기 네덜란드에 관한 내용으로 1830년에 출간된 빅토르 위고 의 〈에르나니(Hernani)〉가 있었다. 이 작품은 탁월한 서정성으로 역사와 멜로드라마를 혼합시켜 낭만주의자들이 모방하는 전형이 되었다. 두 희곡작가들은 몇몇 다른 희곡들뿐만 아니라, 인기있는 소설들(뒤마의 〈삼총사〉와 위고의 〈레미제라블〉)도 집필했다.

비제 르브룅은 도시와 친구들로부터 다양한 오락거리들을 발견했음에도 불구하고 여전히 시골에서 자기 나름의 즐거운 시간을 보냈다. 그러나 1819년 질병으로 딸이 죽고, 이듬해에는 오빠마저 세상을 뜨자 르브룅은 프랑스 남서부의 항구도시인 보르도로 떠났다.

도로는 제국시대에 파손되었음에도 불구하고 잘 정비되어 있었다. "파리에서 보르도에 이르는 도로가 마치 정원 길처럼 산뜻했다는 말을 꼭 남기고 싶다. 그 길은 상설 도로였으며, 최소한 여행자들이 피로감을 느끼지 않도록 잘 건설되어 있었다." 당시에는 상업이 급격히 발전하여 화물을 운반하는 짐마차와 손수레, 그리고 역마차로 알려진 여객용 승합마차가 늘어나는 추세였으며, 이에 따라 도로를 정비할 필요성이 대두되고 있었다.

비제 르브룅은 그림같이 아름다운 보르도 항구에 매료되었다. 해변의 호텔에서 그녀는 이렇게 적었다. "건너편 둑 너머 몇 채의 가옥들이 점점이 흩어져 있는 푸른 언덕까지 시야가 뻗어나갔다…… 멀리서 어렴풋이 성곽이 자리잡은 산이 보였다…… 항구에는 항해하는 배들이 무수히 있었다. 수천 척의 작은 함선과 보트들이 사방에서 오갔다…… 이런 정경, 특히 달빛 아래 보이는 경관은 아무리 보아도 지겹지 않았다. 언덕의 가옥들에서 깜빡이는 불빛이 보였다. 마치 마술처럼 환상적인 분위기였다."

그러나 프랑스 왕정복고의 환상적인 아름다움 아래에서 분쟁이 싹트고 있었다. 1824년 루이 18세가 사망하자 그의 동생 샤를 10세가 왕위를 계승했다. 샤를은 헌법이 왕의 권위를 침범하지 않는 옛 군주제로 회귀하기를 원했다. 그는 이렇게 주장했다. "영국 왕의 방식대로 통치하느니 차라리 코를 골며 잠자는 편이 더 나을 것이다." 좌파의 반대와 대중의 고조되는 불만에도 불구하고, 샤를은 출판 및 선전활동을 엄격히 제한하는 출판법을 밀어붙였다. 또한 초왕당파의 권력에 힘을 실어줌으로써 정치상황을 대립으로 치닫게 했다. 1830년 샤를은 자신의 내각을 규탄했던 의회를 해산시킨 후 여름에 새로운 선거를 명령했다. 그 소식을 접한 탈레랑은 "이제 재난을 피할 수 있는 것은 아무것도 없다"라고 말했다.

탈레랑을 비롯해 많은 사람들이 선거가 상황을 전혀 변화시킬 수 없다는 사실을 잘 알고 있었다. 물론 탈레랑은 부르봉 왕가에 애정을 느낄 하등의 이유가 없었다. 1815년 9월에 루이 18세는 국무회의 의장과 외무장관직에서 탈레랑을 쫓아냈었다. 이제 탈레랑은 샤를 10세를 퇴위시키고 오를레앙 공작인 루이 필리프를 왕좌에 올리려는 자유주의자들과 손을 맞잡았다.

1830년 여름, 탈레랑은 자신이 예언한 재난이 현실화되는 것을 목격했다. 새로운 선거에서 반대파가 압도적으로 의회에서 다수를 점하자 샤를 10세와 그의 내각은 즉각 의회를 해산시킨 후 선거권을 더 제한하고 언론을 완전히 통제했다. 그리고 나서 경솔하게도 뒤따르는 정치적 소요를 가볍게 생각했던 왕은 시골로 사냥을 떠났다. 왕이 자리를 비운 사이 반대파가 반격을 가했다.

7월 27일, 대부분의 노동자와 학생들로 구성된 공화주의자들이 파리의 거리를 점거했다. 그들은 포석과 거꾸로 세운 손수레로 5,000개가 넘는 바리케이드를 설치했다. 주민들은 탄환을 가진 정부 병사들에 맞서 바리케이드를 지켰으며, 거리를 둘러싼 주택들의 고층에서 우박세례를 퍼붓듯이 가구들을 집어던졌다. 이튿날 전투는 격화되었다. 어둠이 내릴 무렵 자포자기한 정부가 노트르담에서 경종(경고의 종소리)을 울리고 시민들에게 군대동원을 요청하

사나운 바다에 뛰어들기

"한 영혼이 중대한 사건으로 인해 확장되고 있다." 1830년 7월 31일, 파리의 쿠데타와 문학적 영감을 가진 법학생 쥘 상도에게 자신을 소개한 일을 언급하며 오로르 뒤드방이 쓴 글이다. 26세의 뒤드방은 곧 자신을 공화주의자로 주장하며 상도를 따라 파리로 갔다. 그러나 파리에서의 결혼생활은 불행했다. 그녀는 이렇게 적었다. "나는 문학의 사나운 바다에 뛰어들고 있다." 그녀의 최초의 단독 항해는 소설 〈앵디아나(Indiana)〉였다. 이 소설은 학대하는 남편에 자신을 꽁꽁 묶어놓는 사회 인습에 저항하여 사랑을 찾기 위해 남편을 버리는 한 여인에 관한 이야기다. 뒤드방은 G. 상드라는 가명으로 이 책을 출판했다.

이 소설은 성공을 거두었고 그녀는 조르주 상드로 알려지게 되었다. 그후 상드는 60편의 소설과 많은 희곡과 에세이를 쓰면서 더 많은 명예를 쌓았다. 하지만 많은 사람들이 그녀의 사생활을 비난했다. 상드는 1830년대에 남성용 조끼와 바지를 입고 부츠를 신었다. 여성복이 너무 비싸며 파리의 진흙탕 거리를 걷기에 불편하다는 것이 그녀의 변명이었다. 그녀는 또한 떠들썩한 연애사건으로도 악명이 높았다. 가장 널리 알려진 것으로는 작곡가 프레데릭 쇼팽과 시인 알프레드 드 뮈세와의 연애가 있었다.

상드의 동시대인들은 한편으로 그녀의 사생활을 비난했지만 위대한 낭만주의 작가로 칭송하는 데에도 주저하지 않았다. 엘리자베스 베렛 브라우닝은 '모든 국가와 연령을 막론하고 가장 빼어난 천재 여성'으로, 오노레 드 발자크는 '모든 여성이 조르주 상드와 같다면 이 세상이 어떻게 되겠는가?'라고 상드를 찬양했다.

는 북을 울렸다. 파리의 거주지에서 그 소리를 들은 탈레랑은 한 손님을 향해 돌아서며 소리쳤다. "들어보시오. 경종이야! 우리가 승리하고 있소!" 그러자 방문객은 되물었다. "우리라니? 누가 '우리'란 말이오?" 평생 동안 단 한번도 패배자 편에 서지 않았던 탈레랑은 이렇게 대꾸했다. "내일 당신에게 말하리라."

7월 29일, 상황은 명확해졌다. 샤를 10세의 군대가 패배했다. 공화주의자들은 자치위원회를 결성한 후 존경받는 프랑스 관료이자 미국 혁명의 영웅인 마르키 드 라파예트를 설득하여 국가 수반으로 삼으려 했다. 한편, 자유주의자들은 자신의 지도부를 구축하고 오를레앙 공작인 루이 필리프를 후보자로 내세웠다. 그런데 과거 입헌군주제를 옹호했던 라파예트가 공작을 지지했다. 8월 2일 샤를 10세가 왕위에서 물러났다. 또다시 무대의 중심에 오른 탈레랑은 그날 밤 늦게 헌정 개정을 논의하기 위해 루이 필리프와 만났다. 루이 필리프는 왕이 헌장을 하사하는 대신 독립된 법적 문서가 되어야 한다는 데 동의했다. 8월 7일 개정된 헌장을 의회가 승인했다. 8월 9일 루이 필리프는 '시민왕'으로 등극했고 탈레랑은 영국 대사가 되었다. 탈레랑은 사망하기 4년 전인 1834년까지 영국 대사직을 보유했다.

쿠데타에 큰 타격을 받은 비제 르브룅은 자신의 회고록에 이렇게 적었다. "우리를 왕정복고로 이끈 가족이 바로 그들이었다. 왕위를 보존하는 데 왜 덕목과 선의가 부족했는지에 대한 해명을 나는 정치가들에게 맡길 것이다. 내 마음은 이런 사실을 그저 안타까워할 따름이다." 비제 르브룅이 이 회고록을 쓸 무렵인 1830년대에 화가로서의 그녀의 경력은 거의 종착역에 이르고 있었다. 하지만 그녀 자신은 1842년 사망할 때까지 여전히 뭇사람들을 매료시켰다. 한 동료 화가는 그녀를 이렇게 평했다. "비록 인생의 막바지에 그녀의 그림은 과거와 같은 호소력을 갖지 못했지만, 한 개인으로서 그녀는 젊은 시절 못지않게 여전히 매력적이고 상냥했으며, 심지어 장난기를 보이기까지 했다."

55세의 자유주의자 마르크 앙투안 줄리앙은 1830년 8월 2일 샤를 10세의 퇴위에 처음에는 몹시 기뻐했다. 프랑스는 정부를 개편할 절호의 기회를 맞았으며 진정한 입헌군주제가 되었다. 그러나 미래에 대한 줄리앙의 희망은 곧바로 위기에 처했다. 또 다른 절대군주로부터 프랑스를 보호하기 위해 먼저 기초를 쌓기도 전에 의회에서 샤를의 사촌 루이 필리프를 '프랑스의 왕'으로 선언하려는 조짐이 나타났기 때문이다. 탈레랑이 헌장을 바꾸기 위한 일을 꾸미고 있다는 사실을 몰랐던 줄리앙은 책상에 앉아 분노의 글을 쓰기 시작했다. 8월 6일, 그는 〈국민 상식〉이라는 제목의 경고성 팸플릿을 발표했다.

"식사를 주문하고 먹는 동안
그 사이에 혁명이 일어나야 하는지 여부를
아무도 자신하지 못하였다."

줄리앙은 이렇게 적었다. "만약 기본법 제정 이전에 왕위에 오른다면 1814년에 오직 왕의 권한만을 주장하는 칙령의 올가미로 프랑스를 옭아맸던 것과 같은 중대한 잘못을 또다시 범하게 될 것이다. 또 만약 왕권이 법과 국민 속으로 뿌리내리기 전에 지나치게 서둘러 왕을 지정한다면 왕권은 견고함을 잃고 쉽게 흔들릴 것이다. 진실과 열정이 담긴 상식과 선견지명을 가진 자들은 혁명 기간의 정부 지도자들, 자신의 자부심과 천재성과 성공에 취해 있던 나폴레옹, 그리고 루이 18세와 샤를 10세에게 주저 없이 이런 말을 했다……. 사람들은 그들이 당파적이며 불평불만이 많다고 말했다. 그들은 직위에서 해임되고, 박해받고, 추방되었으며, 부랑자 같은 취급을 받았다…… 하지만 그들의 목소리를 또다시 무시해서는 안 될 것이다!"

줄리앙이 명확히 밝히고 있는 카산드라, 즉 스스로 조심하지 않는 예언자는 바로 그 자신이었다. 실제로 혁명 이후로 그는 좋건 나쁘건 프랑스의 다양한 정부들에 연루되어 있었다. 1775년 비교적 부유한 부르주아 가족에서 태어난 줄리앙은 프랑스 남부 도피네의 작은 마을에서 성장했다. 그리고 열 살이 되어 파리의 중등학교에 입학하게 되자 그의 부모도 함께 이사했다.

줄리앙의 아버지는 생계를 위한 돈벌이에 나서지 않아도 되었기 때문에,

주로 문학과 정치적 관심사를 추구하며 시간을 보냈다. 그가 프랑스 전역에서 막 생겨나기 시작한 사회단체들 중 하나인 파리 자코뱅 클럽에 가입한 것도 그 때문이었다. 1792년 1월, 정치적 흐름에 자극을 받은 줄리앙은 아버지의 클럽에서 전쟁에 반대하는 연설을 했다. 줄리앙은 전쟁의 불씨로 왕과 왕당파를 비난하면서, '이런 끔찍한 재앙으로부터 프랑스를 구하기 위한 최후의 노력'을 촉구했다.

줄리앙의 반전 연설은 로베스피에르의 관심을 끌게 되었다. 1793년 9월 로베스피에르는 줄리앙을 공안위원회의 순회요원으로 끌어들였다. 리옹과 마르세유 같은 도시들에서 폭력적인 봉기가 발생하는데, 그곳은 온건파가 자코뱅 파로부터 권력을 장악한 도시였다. 툴롱과 보르도에서도 두 집단간의 충돌이 있었으며, 8월 말에 왕당파가 툴롱을 장악했다. 공안위원회에서는 음모를 분쇄하고, 혁명세력에서 적대적인 파벌들의 화합을 시도하고, 애국파의 격분을 불러일으킬 목적으로 줄리앙을 보내 지역 지도자들과 협력하게 했다.

비록 이전에는 극단주의자들을 비난했지만, 이제 줄리앙은 온건파 지도자들을 두통거리로 보았다. 그들은 부유한 상인들과 지역유지들의 사치스러운 생활양식을 용납했다. 반면, 가난한 사람들은 일자리 부족으로 종종 기아에 허덕이기도 했다. 1794년 6월 줄리앙은 로베스피에르에게 이런 글을 남겼다. '보르도에 위기의 시대가 찾아오고 있습니다.' 그러면서 그는 '귀족 · 온건파 · 음모꾼과 연방주의자들에게 공포정치를 행할 것'을 로베스피에르에게 권유했다. 그리고 필요한 권한을 위임받은 후 젊은 줄리앙은 약 200명의 단두대 사형집행을 감독했다. 후일 그는 도시가 마침내 '정화되고 재생되었다'고 주장했다.

1794년 8월 줄리앙이 파리로 돌아왔을 때에는 이미 로베스피에르가 처형당한 후였고, 그의 요원들에게 적대적인 분위기로 흘러가고 있었다. 줄리앙은 투옥되었으나, 어린 나이 덕분에 사형선고를 면할 수 있었다. 그는 감옥에서 오래 시달리지 않고 이듬해에 다른 정치범들과 함께 풀려났다.

뒤이어 줄리앙은 새로운 국가적 영웅, 즉 북부 이탈리아에서 승전고를 울린 나폴레옹 보나파르트에게 봉사할 방도를 찾았다. 1797년 줄리앙은 베니스로부터 북동쪽으로 160km 정도 떨어진 보나파르트의 본부까지 50만 프랑을 운반하는 임무를 떠맡았다. 그런데 베니스에서 트리에스테로 건너가던 도중 오스트리아 민간 무장선들에게 배를 납포당했다. 줄리앙은 프랑스 함선들이 그의 배를 호위하기 위해 근처에서 항해하고 있으며, 자신은 평화를 이끌어내기 위한 중요한 임무를 맡고 있다고 주장하며 일장 연설을 했

교사의 감시의 눈길을 받으며 어린 소년들이 학교로 들어가고 있다. 19세기 초반 프랑스의 초등교육은 형편없었다. 교재가 거의 없었을 뿐더러, 교사는 박봉에다가 교습훈련도 제대로 받지 못했으며, 읽기와 쓰기보다는 교리문답 공부에 더 많은 시간을 할애했다. 이런 문제를 해결하기 위해 1830년대 초 7월 왕정 시기에 교육법이 통과되었다.

다. 결국 그는 자신을 납포한 자들을 설득하는 데 성공했다. 그는 자신의 목숨뿐만 아니라 돈까지 구할 수 있었다. 보나파르트는 이런 용감한 행위에 대한 보답으로 그를 군사신문 편집자로 임명했다.

그러나 후일 보나파르트가 프랑스 황제를 자처하자 줄리앙은 몹시 낙담하여 분노의 펜을 들었다. "나폴레옹은 모든 것을 자신의 소유로 빨아들인 절대군주였다." 하지만 그는 이따금 출간되는 자신의 정치적 소책자가 아니라 사적인 메모 속에 이런 글을 남겼다. 자신이 부양해야 할 아내와 자식들 때문에 감히 공개적으로 황제에게 맞설 수는 없었던 것이다. 줄리앙은 자신의 생각을 억제했다. 그리고 탈레랑과 마찬가지로 혁명으로부터 황제시대까지 내내 프랑스 정부를 위해 일했다.

왕정복고가 시작되면서 그는 관직을 잃었지만 프랑스 혁명 이래로 교육적 필요와 개혁에 관심을 가지고 있었다. 1807년 그는 어린 학생들에게 1년 단위의 교과과정 프로그램을 제공하는 〈교육에 관한 일반론〉을 발표했다. 물론 교육에 관한 그의 관심은 훨씬 이전으로 거슬러 올라간다. 1801년에 제1대 통령 보나파르트의 지원을 촉구하기 위해 출간한 〈조국의 진정한 친구들에 대한 호소〉에서 그는 혁명 이전의 학교들이 지나치게 경박한 풍토를 조장했다며 비난을 퍼부었다. "내용이 형식에, 개념이 양식에 희생당했다."

자코뱅 파는 그의 의견에 동의하여, 모범적인 공화주의자들을 양산하기 위해 1790년대에 급진적인 무상 의무교육을 장려했다. 5세에서 10세의 남녀 아이들은 초등학교에서 읽기·쓰기·수영과 함께 공화주의 덕목과 애국심을 배웠다. 그리고 10세에서 16세의 소년들은 중등학교에서 군사와 농업학 교육을 받았다. 더 나이 든 남자 학생들은 군사훈련에 참여했으며 농부들의 수확을 도왔다. 그러나 자코뱅 파는 그런 정책을 효율적으로 수행할 시간도 자금도 없었다. 그래서 총재정부가 권력을 잡았을 때 그들은 국가가 자금을 지원하는 초등학교를 폐지하고 수업료를 받는 교육기관을 설립하게 되었다. 이에 따라 수업 참여가 가능한 아이들의 수는 제한적일 수밖에 없었다.

초등교육은 1833년 또 다른 법이 통과된 후 루이 필리프 치하에 이를 때까지 전국적으로 사실상 일반화되지 못하다가, 국가에 복종하는 능력 있고 '개화된' 미래의 노동인구를 양산하자는 취지로 입법자들이 마침내 초등교육을 정부의 책임으로 만들었다.

소년들을 위한 초등학교가 설립되고(1850년까지 소녀들에게는 초등학교가 의무교육이 아니었다), 교사들에게는 정해진 최저임금이 지불되었다. 학생들은 읽기·쓰기·산수·프랑스 표준어를 배웠으며, 도덕과 종교교육도 받았다. 그러나 초창기에 수업에 참여한 노동자 자녀들은 극소수에 불과했다. 아이들의 수업료를 낼 형편이 못 되는 가정이 많았기 때문이다. 그러나 노동자 자녀의 수업 참석률은 점차 높아졌다.

왕정복고가 막을 내릴 무렵에는 읽고 쓸 수 있는 성인들이 약 40%에 불과했다. 그러나 그 비율이 점점 증가하면서 프랑스에서 발행되는 신문의 수도 하나 둘 늘어나기 시작했다. 줄리앙 역시 새로운 출간물로 〈백과사전 평론지〉라는 월간지를 발행했는데, 1819년에 처음 출간된 이 잡지에서 그는 수석 편집자 겸 기고 작가로 활동했다. 그는 〈백과사전 평론지〉에서 이렇게 말했다. "이 잡지의 목적은 진정한 문명에 기여하는 사회적 질서 및 발전과 관련하여 인간 지식의 지속적인 진보를 정확하고 진실하게 설명하는 것이다."

줄리앙은 기술적·과학적 진보에 매혹되었다. 예컨대 그의 잡지에 실린 한 기사는 대양을 건넌(미국 조지아 주 서배너 항구에서 영국 리버풀까지 18일간의 여정) 최초의 증기선을 보도했다. 특히 석판인쇄·현수교·철로·운하건설 등의 신

세상을 찍다

1839년 루이 다게르(왼쪽 위)는 프랑스 과학 아카데미 연합 모임에서 이미지를 생성하는 새로운 기법(다게레오타이프, 은판사진)을 발표했다. 수많은 군중이 안마당에 모였다. 다게르는 훨씬 적은 노출시간(과거 8시간 노출과 비교하여 20~30분 노출)으로 은판에 영구적인 사진 이미지를 남긴 후 소금 용액을 사용하여 구리판에 그 이미지를 보존하는 방법을 발견했다. 그는 이미 2년 전에 최초의 성공적인 정물사진(아래)을 찍었다.

사람들은 스스로 세밀한 풍경이나 건축 이미지를 만들기 위해 너도나도 지역 가게에서 다게르의 사진기 구입에 나섰다. 몇 년 후에는 다게레오타이프로 인물 사진을 찍기에 충분할 정도로 노출시간이 단축되었다.

기술과 관련된 주제들을 주로 보도했다.

1833년 〈백과사전 평론지〉는 강제로 폐간되었다. 줄리앙에게는 더없이 불행한 순간이었다. 1832년에는 그의 아내가 오랜 질병 끝에 세상을 떠났으며, 10년 동안 세 차례 하원의원 선거에 출마했지만 번번이 낙선의 쓰라림을 맛보았다. 공포정치 기간의 그의 활동이 잊혀지지도, 용서받지도 못했던 것이다. 그뿐만이 아니라, 재정적인 곤경에도 시달린 그는 7월 왕정과 입헌군주제 왕에게 환멸을 느꼈다. "새로운 체제는 수많은 청렴하고 사심 없는 사람들을 학대한 반면, 수많은 야심적인 음모자들에게 부를 안겨주었다."

줄리앙은 또한 반체제인사에 대한 7월 왕정의 무자비한 압제에도 혼란을 느꼈다. 산업화 때문에 실직을 염려하는 도시 노동자들의 저항도 그중 하나였다. 1840년 〈프랑스의 목소리〉라는 소책자에서 그는 만약 정부가 적절한 조치를 취한다면 노동자 계급의 반대를 두려워할 이유가 없다고 주장했다. "만약 고통받는 노동자 계급이 정부가 자신들의 문제에 관심을 갖고 있다는 사실을 알게 된다면, 종종 위험한 폭동을 야기하는 불안과 혼란과 적대적인 태도를 더이상 보이지 않을 것이다." 그러나 정부는 그의 조언에 별다른 관심을 보이지 않았다.

1840년대 초 다른 작가들과 저널리스트들도 급진적인 새로운 개념들을 마구 쏟아냈다. 대부분 지배계급을 지탱하는 자본주의의 영향에 반대하는 개념들이었다. 이 개념들은, 혁명사상이 사라졌으며 프랑스가 음울한 반동으로 주저앉고 있다는 일반 감정에 대한 극단적 표현이었다. 개혁을 위해 역사가들은 혁명의 영광과 사상을 강조한 반면, 그 공포는 얼버무리며 혁명을 재차 언급했다.

이런 역사가로는 알퐁스 드 라마르틴이 있었다. 그는 귀족이자 부르고뉴의 방대한 영지의 상속인이자 칭송받는 낭만파 시인이었다. 하원의원으로서 그는 보수주의자와 자유주의자 모두에게 환심을 얻었다. 라마르틴은 혁명에 관한 자신의 8권짜리 저서 〈지롱드 당사〉가 '주장되는 폭력의 필요성에 대한 항변'이라고 주장했다. 실제로 그 책은 혁명의 폭력을 정당화했을 뿐 아니라, 비록 대량학살을 비난하긴 했지만 로베스피에르를 비롯한 혁명의 영웅들을 옹호했다. 이 책은 1847년에 격찬을 받으며 당시 파리에서 불기 시작한 혁명의 열기를 고조시키는 데 일조했다. 게다가 곡물가격을 치솟게 하고, 매점매석과 투기를 불러일으키고, 광범위한 실직을 야기했던 2년 동안의 끔찍한 흉작으로 인해 그 열기는 더욱 고조되고 있었다.

1847년에는 반대파가 정부 개혁과 선거권 확대를 요구하기 위해 일련의 연회를 열기 시작했다. 정치적 모임에 대한 정부의 탄압을 교묘히 빠져나가기 위해 연회 형식으로 집회가 열렸던 것이다. 곧이어 가장 급진적인 요소가 행동강령을 좌지우지했다. 어떤 의원은 석 달 동안 전국을 돌아다니면서 개혁에 관한 연설을 하며 대중을 선동했다. 그러나 라마르틴과 마찬가지로 역사가이자 반대파의 일원이었던 알렉시스 드 토크빌은 자신을 연회에 개입시키려고 애썼던 자들에게 경고했다. "하지만 만일 당신들이 대중적인 선동을 시작한다면 내가 그러한 것처럼 당신들 역시 아무런 개념을 가지고 있지 않은 것이오."

루이 필리프에 대한 애정이 없었던 토크빌은 이렇게 말했다. "왕은 인간에 대해 깊은 이해를 가지고 있다. 하지만 그들의 부도덕한 행위에 대해서만 그렇다…… 왕은 천성적으로 권력과 부정직한 아첨꾼들을 좋아한다." 그러나 왕에 대해 어떤 감정을 가지고 있건 간에 그는 반대파가 재앙을 향해 나아가고 있다고 생각했다.

1848년 2월 22일, 파리 12구(區)에서 급진파들이 한데 모인 개혁연회가 성대하게 열릴 예정이었는데, 경찰이 금지하는 바람에 폭동이 발생했다. 그날 저녁 만찬에 초대받았던 토크빌은 20명의 예상 손님들 중 고작 5명만 모임에 참석한 사실을 알는 당혹스러움을 감추지 못했다. 심지어 연회를 주최한 주인의 아내조차 집 앞 거리에서 사소한 충돌이 벌어지자 연회에 참석하지 않고 침실로 향했다. 후일 토크빌은 이렇게 술회했다. "나는 식사를 주문하고 먹는 동안 그 사이에 혁명이 일어나야 하는지 여부를 아무도 자신하지 못하는 이상한 시대에 우리가 살고 있다는 느낌이 들었다."

당황한 병사들이 외무부 바깥의 군중을 향해 발포하는 바람에 40명이 사망하자 폭동은 더욱 악화되었다. 2월 24일, 왕은 손자에게 왕위를 양도한 후 프록코트와 중산모자 차림으로 영국으로 몸을 피했다.

그러나 토크빌과 라마르틴과 다른 의원들은 루이의 손자를 거부하고 임시정부를 구성했다. 핵심집단은 혁명과 사회주의를 원하는 급진파와, 폭력을 멀리하고 민주정부를 원하는 온건파로 확연히 나뉘어졌다. 라마르틴은 균형 유지를 위해 조심스럽게 좌파에 호응하는 온건파였다. 2월 24일 임시 공화정부를 공포한 주인공도 바로 그였다.

정부는 좌파와 우파 사이에서 일련의 절충안을 내놓기 시작했다. 하원의원들이 만나는 파리 시청 바깥에서는 군중들이 사회주의 공화정과 프랑스의 삼색기를 대신하는 적색기를 요구했다. 좌파를 달래기 위해 정부는 모든 노동

자들에게 최저생활임금을 약속했고, 노동조합의 권리를 인정했으며, 실직자들에게 정부 지원의 일자리를 제공하기 위한 전국작업장을 창설했다. 라마르틴은 폭도들에 대한 항복을 상징하는 적색기를 제외하고 모든 요구를 들어주었다.

3월경 임시정부는 전체 성인 남성 선거권을 선포했으며, 새로운 전국의회 창설을 위한 선거일로 4월 9일을 선택했다. 프랑스 전역에서 선거권자의 84%가 투표에 참여했다. 그러나 혁명 지도자들의 입장에서는 충격적이게도, 새로운 의회는 온건파보다 더 보수적이었다. 전임 국회의원이 75명, 왕당파가 439명이었던 반면, 온건파 공화주의자는 231명, 급진파는 55명에 불과했기 때문이다. 보수주의자들이 흔들리는 동안 선거를 실시하는 것이 적절하다고 생각했던 토크빌은 선거 결과에 당혹스러움을 감추지 못하는 혁명주의자들에게 조소를 보냈다. "1848년의 혁명주의자들보다 더 악영향을 미치는 혁명주의자들이 있었다. 하지만 그들보다 더 어리석은 혁명주의자들은 아마 없었을 것이다."

새롭게 선거권을 얻은 농부들은 폭력과 높은 세금과 정부 개입에 반발하는 듯했다. 그들은 이런 문제들을 좌익 공화주의자들의 탓으로 돌렸다. 그러나 무엇보다도 농부들은 사회주의자들에게 자신의 농토를 빼앗길지도 모른다는 두려움을 가지고 있었다. 그들은 손바닥만한 땅에도 집착했다. 원시적 농법으로 인해 그들은 대부분 겨우 자급자족하는 수준으로 생활했기 때문이다. 대다수 농부들은 영국에서 사용되는 보다 효율적인 큰 낫 대신 여전히 작은 낫으로 농작물을 수확하고 있었으며, 수확량도 저조했다. 게다가 그들이 가진 것이라고는 오직 땅밖에 없었다.

새롭게 구성된 보수적 의회는 5인 위원회를 선출했다. 물론 사회주의자들은 배제되었다. 그 결과 전국 작업장에서의 고용을 바라며 파리로 몰려든 수십만 노동자들이 새로운 임시정부를 구성하려는 5월의 의회로 돌진했다. 그

19세기 중반 밀레가 그린 〈이삭 줍기〉. 세 명의 농부가 수확 후 흩어진 이삭을 줍고 있다. 당시 프랑스 농부들은 선조들이 사용하던 방식과 도구들을 그대로 사용하며 농사를 지었다.

1848년 2월 24일, 7월 왕정 붕괴 후 시인 겸 정치가 알퐁스 드 라마르틴이 파리 시청 앞에 모인 분노한 군중들과 대치하고 있다. 라마르틴은 사회주의자들의 적색기 사용을 비난하면서 국가의 통일과 힘을 상징하는 프랑스의 삼색기 대신 적색기를 사용하자는 요구를 거부했다.

들의 돌진은 국가수비대에 의해 막혔지만 불만과 갈등은 점점 증폭되었다.

5월 4일, 토크빌은 작가 조르주 상드를 위한 문학 오찬회에 참석했다. 그는 노동자 단체에 관한 그녀의 풍부한 지식에 놀라움을 금치 못했다. 상드는 그에게 이렇게 말했다. "당신의 동료들을 설득하려고 애쓰세요. 노동자들을 자극하거나 감정을 상하게 하여 그들이 거리에 나서지 않도록 말이에요. 만약 다툼이 벌어진다면…… 당신들은 모두 끝장날 거예요." 토크빌은 상드가 폭력의 가능성을 과장하고 있다고 생각했다. 하지만 곧 그는 자신의 잘못을 깨달았다.

6월 21일, 정부는 지방 노동자들을 해산시킬 작정으로 전국 작업장을 폐쇄했다. 그 결과 시민전쟁의 분위기가 고조되기 시작했다. 그러나 정부는 반란에 대비하면서 폭도들을 무자비하게 탄압했다. 거리에서 3,000명이 사망했으며, 3,000명 이상이 식민지 알제리로 추방되었다. 그리고 나서 언론과 정치적 클럽과 집회를 제한하는 일련의 탄압조치들이 취해졌다. 집행위원회는 의회에서 급진파를 소탕했다. 혁명은 이제 막을 내리고, 생활은 다시 정상으로 돌아갔다.

루이 필리프가 왕위를 양도하고 라마르틴이 파리 시청 앞에서 또다시 프랑스 공화정을 선포했던 바로 그날, 토크빌은 1789년 이래 자신의 모국이 겪었던 많은 변천에 대해 곰곰 생각했다. 프랑스는 앙시앵 레짐으로부터 입헌군주제·공화정·황제통치·왕정복고를 거쳐 7월 왕정에서 다시 공화정으로 옮겨갔다. 그는 이렇게 기록했다. "이런 각각의 연속적인 변화를 겪은 후 소기의 목적을 달성한 것으로 여겨졌던 프랑스 혁명이 막을 내리고 말았다. 그러나 이쯤에서 또다시 프랑스 혁명이 고개를 들기 시작했다. 왜냐하면 혁명은 항상 동일한 것이기 때문이다. 역사가 진행될수록 혁명의 끝은 더 멀고 아득해지는 듯하다."

1859년 사망할 때까지 토크빌은 이런 주기가 계속되는 것을 지켜보았다.

1848년 12월, 나폴레옹 1세의 조카인 루이 나폴레옹 보나파르트가 제2공화정의 4년 단임 대통령으로 선출되었다. 그리고 3년 후 권력을 잃고 싶지 않았던 그는 독재 공화정 구성을 위해 쿠데타를 도모했고, 그리하여 그의 임기는 10년으로 늘어났다. 1852년 12월, 그는 숙부를 답습하여 스스로를 제2제국의 황제로 선포했다. 반대의 목소리는 거의 없었다. 많은 사람들이 보복을 두려워했기 때문이다. 한편, 사람들은 이 새로운 황제로부터 모국의 영광의 나날, 즉 혁명과 낭만주의의 절정을 구현했던 한 사내(나폴레옹 보나파르트)가 프랑스를 이끌던 시절을 떠올렸다.

나폴레옹 시대

고귀한 준마에 올라탄 채 세상에서 가장 용기 있는 사람의 포즈를 취하고 있는 나폴레옹은 다비드의 그림에서뿐만 아니라 역사에서도 낭만주의의 구현자로 살아 숨쉬고 있다. 전형적인 낭만주의 영웅인 나폴레옹은 불과 10년 만에 밑바닥에서 출발하여 역사상 가장 위대한 정치가이자 정복자로 등극한 입지전적인 지도자였다. 그의 눈부신 성공은 시대적 환경보다 그의 천재성에 힘입는 바가 컸다.

1769년 코르시카 섬 아작시오에서 태어난 나폴레옹은 나폴레오네 부오나파르테라는 세례명을 받았다. 그의 이탈리아 유산이 반영된 이름이었다. 그의 법정 대리인인 아버지 카를로와 어머니 레티치아 라몰리노는 장래가 어두운 코르시카의 독립운동을 지지했다. 훗날 나폴레옹은 이렇게 적었다. "내 조국이 죽어가고 있을 때 나는 태어났다. 3만의 프랑스 인들이 우리 해안에 물밀듯이 밀려들어와 피의 바다 속에 자유의 왕관을 수장시켰다. 그것은 유아기에 내 눈에 비친 참혹한 광경이었다."

프랑스와의 평화의 기회를 이용해 카를로는 1788년에 아들을 프랑스의 기숙학교로 보냈다. 수줍음 많고 우울한 소년은 사투리 때문에 놀림을 받았고 작은 체구 때문에 위협을 받았다. 하지만 소년은 열심히 공부하여 두 곳의 육군사관학교에서 학위를 받았다. 사관학교에서 사회적 품위를 제외한 모든 방면에서 출중함을 보인 16세의 보나파르트는 소위에 임관한 후 명성이 높은 기병 대신 포병을 선택했다. 경쟁이 덜 치열한 곳에서 빠른 승진이 가능하다고 생각했기 때문이다.

프랑스 혁명 당시 나폴레옹은 아작시오로 귀향하여 때를 기다렸다. 그는 군주제의 전복을 지지했는데, 부분적인 이유는 코르시카에 대한 프랑스의 통치가 종결될 수 있다고 생각했기 때문이다. 그러나 1793년에 지역 정계는 부오나파르테 일족 전체를 고향 땅에서 내몰았다. 그리하여 그들은 프랑스에 정착하여 이름도 보나파르트로 바꾸었다. 프랑스 국경 전역에서 전쟁이 발발함에 따라 젊은 장교는 착실히 군대경력을 쌓을 수 있었다. 그는 툴롱의 항구에서 첫 승리를 거두었다. 그곳에서 그는 전략적으로 영국의 포위공격을 종결시켰다. 지배당인 자코뱅 당에 의해 전술적 우수성을 인정받은 나폴레옹은 준장으로 승진했다. 그의 나이 24세 때였다.

| 권력으로의 출세

　젊은 보나파르트에게 1796년은 주목할 만
한 해였다. 3월에 그는 아름다운 미망인이
자 고급 창부이자 파리 사교계의 꽃이었
던 조제핀과 결혼했다. 그는 그녀와 깊
은 사랑에 빠졌다. 그리고 같은 달에 그
는 이탈리아 주둔 프랑스 군 총사령관
으로 임명되어 북부 이탈리아의 오스트
리아 통치자들과 교전을 벌였다. 나폴레
옹의 눈부신 승리로 프랑스의 영토는 확
장되었으며, 군대에서 인기있고 존경받
는 지도자로서 그의 입지도 확고해졌다. 2
년 후 그는 피라미드 전투에서 투르크 인을
격퇴하여 이집트 원정에서 승리를 거두었다.
하지만 그는 영국으로 보낸 자신의 군대를 포기
하고 이집트에서 도망쳐나왔다. 1799년에 귀환한 나
폴레옹은 영웅 대접을 받았다.

　파리로 돌아온 나폴레옹은 총재정부를 타도하려는 탈
레랑과 그 일파의 쿠데타 음모에 동참했다. 나폴레옹은
새로운 3인 통령정부를 장악하여 프랑스의 제1대 통령으
로 등극했다. 그의 통치하에 프랑스 군대는 연전연승을
거두었고, 재정과 국내문제는 안정되었으며, 교육과 국가
의 하부구조와 법률개혁에 개선이 이루어졌다. 그리고 나
폴레옹 법전은 그의 이름이 담긴 가장 위대한 유산 중 하
나가 되었다. 1802년에 그는 자신이 후계자를 선택할 권
리를 가진 종신 제1통령이 되었다. 이제 나폴레옹 보나파
르트는 명실 공히 프랑스의 독재자가 되었다.

조제핀 드 보아르네(위)는
33세에 26세의 나폴레옹과
결혼했다. 그녀의 불성실과
심한 낭비벽에도 불구하고
나폴레옹은 그녀에게 줄곧
헌신적이었다. 그는 이렇게
썼다. "내가 일에 파묻히건
군대를 이끌건 나의 사랑스런
조제핀이 내 마음을 채우고 있다."

| '시민 황제'

'조제프! 아버님이 살아 계셔서 우리 모습을 보았다면!'

1804년 12월 2일, 파리 노트르담 대 성당에서 개최되는 대관식을 위해 의상을 차 려입던 나폴레옹이 자신의 형에게 흥분된 목소 리로 소리쳤다. 실제로 장기간 계획된 행사의 화려함은 경외심을 일으킬 정도였다. 왕궁 의 일원들이 몸에 걸칠 보석·의상·기장뿐만 아니라, 성당의 준비(의식의 행진을 용이하게 하기 위해 성당 주변의 많은 가옥들을 없애는 것이 포함된 준비) 에 들어가는 비용에도 아낌이 없었다.

예비 황제 자신은 수를 놓은 벨벳과 흰담비 모피, 비 단과 레이스로 치장한 화려한 예복 차림이었다. 그는 이 마에 고풍스러운 황금 면류관을 쓰고, 손에는 카롤루스의 것으로 알려진 홀을 들고 있었다(옆쪽). 다이아몬드로 치장 한 조세핀은 25세의 젊은 여자보다 더 어려 보였다. 그녀는 뒤에서 끌리는 36kg이 넘는 무게의 비단과 흰담비 모피 옷 자락에 흔들거렸다. 그녀가 성장의 제단을 향해 앞으로 나아 갈 때, 오직 남편의 시누이들만이 그녀가 뒤로 넘어가지 않도 록 도움을 줄 수 있었다. 물론 시샘 많은 시누이들은 그 일을 그리 내켜하지 않는 듯했다.

나폴레옹은 대관식 집전을 위해 교황 피우스 7세를 초대했다. 하지만 황제를 교회의 권위에 복종시키는 의미로 교황이 왕관을 씌워주는 관행이 허용되지 않았다. 피우스가 왕관에 축복을 내리 자, 나폴레옹은 의도적으로 천천히 군중을 향해 돌아서며 더 큰 왕 관을 자신이 직접 머리에 썼다. 그리고는 무릎을 꿇은 채 눈물을 흘리는 조세핀에게 작은 왕관을 씌워주었다. 고분고분한 교황이 그를 위해 기도문을 읊었다. 나폴레옹 보나파르트는 프랑스 황 제로 등극했다. 이제 그에게 필요한 것은 후계자뿐이었다.

| 성공과 아들

나폴레옹의 대관식 이후 몇 년 동안 보나파르트 일족은 출세가도를 달렸다. 황제의 3형제, 1명의 매부, 1명의 여동생과 1명의 의붓아들이 여러 국가와 공국들에서 왕위에 오르면서 프랑스의 유럽 지배는 곧 가족사가 되었다. 전장에서도 나폴레옹의 승리는 계속되었다. 특히 1805년의 아우스터리츠 전투는 군 전략의 백미로 손꼽히고 있다. 1810년경 러시아 서부의 유럽은 대부분 직·간접적으로 나폴레옹이 다스리는 프랑스 영토의 일부가 되었다.

그러나 광대한 영토를 계승하고 그 안전성과 영구성을 보장할 후계자가 없었다. 나폴레옹은 최소한 두 명의 사생아를 낳은 적이 있기 때문에, 불임에 대한 책임이 전적으로 조세핀에게 있다는 결론을 내렸다. 1809년 나폴레옹은 사랑하는 아내와 내키지 않는 이혼을 공

표했다. 그는 눈물을 흘리며 아내에게 약속했다. "나는 영원한 당신의 친구로 남아 있을 거요."

이듬해 황제는 통통하고 순진하고 평범한 18세의 오스트리아 황녀 마리 루이즈와 결혼했다. 그녀와의 결혼이 성사된 것은 정치적 이유뿐만 아니라, 그녀의 가계가 다산의 역사를 가지고 있었기 때문이다. 1811년 그의 선택은 보답을 받았다. 마리 루이즈가 나폴레옹 2세를 낳았던 것이다(아래). 크게 기뻐한 아버지는 곧바로 아들에게 '로마의 왕'이라는 칭호를 내렸다.

1806년 10월, 휘하 장군들과 2만 근위 기마병의 선두에 서서 부란덴부르크 문을 통과하며 베를린에 들어서는 나폴레옹. 예나와 아우어슈테트 전투에서 승리를 거둔 후 나폴레옹은 이렇게 적었다. "프로이센 군은 더이상 존재하지 않는다."

| 나폴레옹 최후의 전투

나폴레옹의 몰락은 그의 성공만큼이나 급박하게 찾아왔다. 오랫동안 질질 끌었던 스페인에서의 군사적 개입에서부터 시작하여 1812년 파멸적인 러시아 원정에 이르기까지, 유럽에서 프랑스의 영향력은 점점 부식되었다. 1814년 3월경 연합군이 파리를 점령했다. 나폴레옹은 체포되어 이탈리아 북서 해안의 엘바 섬으로 유배되었다. 하지만 그는 곧바로 프랑스로 돌아갈 음모를 꾸미기 시작했다.

1815년 3월에 나폴레옹은 성공적인 귀환을 성사시킨 것처럼 보였다. 하지만 그의 두 번째 통치는 워털루에서의 참패로 6월에 막을 내렸다. 이번에 연합군은 훨씬 먼 곳을 유배지로 선택했다. 남대서양의 세인트헬레나 섬이 그곳이었다. 그후 6년 동안 전 황제는 자신의 영웅적 유산을 마무리하는 회고록을 구술하면서 비좁은 전초지에서 조용히 살아갔다. 예전처럼 그의 믿음은 정당화되었다. 하지만 살아생전에 그는 그 결과물을 보지 못했다. 1821년 5월 5일 나폴레옹은 세인트헬레나에서 숨을 거두었다.

세인트헬레나 섬으로 자신을 데려가는 영국 군함 갑판에서 먼 곳을 응시하고 있는 나폴레옹 (오른쪽 끝). 그는 항해 도중 회고록 집필을 시작하면서 활력을 되찾았다. "나의 운명은 다른 사람들의 운명과 정반대다. 다른 사람들은 추락에 의기소침해하지만, 나의 추락은 무한한 높이로 나를 끌어올린다. 나는 살아남을 것이다!" 실제로 그가 죽은 지 20년 만에 황제의 유해는 매장을 위해 당당하게 파리로 다시 돌아왔다(아래).

2 :: 교향곡과 동화

1804년 어느 늦은 봄, 빈의 모든 광장에 마로니에 꽃이 만개할 무렵, 20세의 페르디난트 리스가 루트비히 판 베토벤의 아파트에 이르는 계단을 허겁지겁 올라가고 있었다. 베토벤에게 황급히 전해야 할 소식이 있었던 것이다.

스승이자 친구인 베토벤은 뛰어난 젊은 음악가인 리스에게 가르침만이 아니라 물심양면의 도움을 베풀었다. 리스는 프랑스 침략자들에 의해 고향인 본에서 쫓겨나 무일푼으로 빈으로 흘러들었던 것이다. 걸핏하면 화를 내는 작곡가이긴 하지만 3년 동안 친교를 쌓았던 리스는 자신의 소식이 베토벤의 작업을 중단시킬 만한 명분이 충분하다고 생각했다.

마침내 리스가 들어선 아파트는 보물로 가득한 난파선과 같았다. 가구는 투박하고 흠집투성이였다. 의자 위에는 썩은 음식이 방치되어 있었다. 선반에는 〈일리아스〉와 〈오디세이〉를 비롯한 일군의 그리스 로마 작품들로부터, 괴테·실러·헤르더 같은 독일 시인들의 완결판까지 책들이 빼곡히 들어차 있었다. 물론 독일 낭만주의자들의 사랑을 받았던 셰익스피어의 작품들도 빼놓을 수 없었다(독일 낭만주의자들은 자국어로 쓰인 셰익스피어의 시가 훨씬 훌륭하다고 생각했다).

걸작으로 여겨지는 〈장엄미사〉를 작곡하고 있는 루트비히 판 베토벤(왼쪽)의 초상화. 천재성뿐만 아니라 예술가적 기질로도 유명했던 베토벤은 화려한 도시 빈에서 거주하면서 작업했다. 유럽 전역의 사람들이 음악을 듣고, 극장에 가고, 우아한 살롱의 모임에 참여하기 위해 빈으로 몰려들었다.

거기에는 귀족 후원자들이 선물한 일류 악기들도 있었다. 구아르네리와 아마티 같은 명장들이 제작한 명품 피아노와 바이올린과 첼로 등이었다. 한쪽 구석에는 베토벤 자신이 어지럽게 휘갈겨 쓴 악보들이 쌓여 있었다. 악보를 베끼는 것도 자기 공부의 일부였던 리스는 이런 악보들에 익숙했다. 그해 봄에 이미 완성되었지만 아직 공연되지 않은 웅장한 〈3번 교향곡〉도 그중 하나였다.

그 즈음 프랑스가 오스트리아에 강요한 굴욕적인 조약을 생각했을 때 놀랍게도 〈3번 교향곡〉은 나폴레옹 보나파르트에게 헌정된 것이었다. 하지만 나폴레옹에 공감했던 사람은 베토벤뿐이 아니었다. 프랑스 혁명을 인간 자유의 새로운 도약으로 간주했던 칸트와 실러 같은 독일과 오스트리아의 철학자와 예술가들도 나폴레옹을 그 화신으로 확신하고 있었다. 괴테는 자신의 서재에 제1통령의 흉상을 보관하고 있었다. 이들과 마찬가지로 베토벤 역시 나폴레옹을 개화된 지도자이자 영웅으로 마음속에 그려 넣었다.

이제 리스의 소식이 베토벤의 생각을 무너뜨릴 터였다. 리스는 제1통령이 5월 28일에 스스로를 프랑스 황제로 선포했다는 사실을 베토벤에게 알렸다. 작곡가는 격분했다. 짙은 눈썹 아래에서 그의 검은 눈동자가 번득였으며, 거무스름하고 마맛자국이 있는 그의 피부가 붉게 충혈되었다. 그는 손을 휘휘 내저으며

18세기 후반 빈 시민들은 화려한 가게와 멋들어지게 장식된 분수들이 즐비한 중심 거리인 그라벤에서 거닐고, 일하고, 잡담을 나누었다. 베토벤이 빈에 도착한 1799년 빈의 인구는 베토벤의 고향인 본의 20배에 달했다.

나폴레옹의 배신행위에 고함을 질렀다. "그렇다면 그 역시 평범한 다른 인간들과 마찬가지란 말인가?" 베토벤은 낙담하며 분통을 터뜨렸다. "이제 그 역시 인간의 모든 권리를 짓밟고 오직 자신의 야심만을 탐할 거야. 다른 모든 사람들 위에 군림하여 독재자가 될 거야!" 훗날 리스의 회상에 따르면, 베토벤은 탁자 위에 있던 〈3번 교향곡〉을 낚아챘다. "그는 맨 위에 제목이 적힌 페이지를 잡더니 반으로 죽 찢었다. 그러고는 그것을 바닥에 팽개쳤다."

프랑스 혁명과 나폴레옹을 믿었던 사람들 모두 이런 배신감을 느끼고 있었다. 그러나 베토벤의 감정은 몸짓으로 나타난 그의 분노보다 더 복잡하고 야심적이었다. 심지어 몇 달 후 그는 여전히 새로운 황제에게 교향곡을 헌정할 궁리를 하고 있었다. 사실 세차게 되풀이되는 오프닝 현의 선율, 장엄한 2악장, 최상의 아름다움의 한 장면으로 이행되는 구슬픈 테마는 유럽 전역을 지배한 거인 나폴레옹의 이미지에 어울리는 스케일이었다. 악보가 출판되었을 때 '에로이카', 즉 영웅적 교향곡이라는 부제가 붙었다. 베토벤은 이 교향곡을 자신의 후원자 중 하나인 프란츠 요제프 로브코비츠에게 헌정했다. 하지만 악보의 표지에는 '한 위대한 사람을 기리며'라는 수수께끼 같은 말이 적혀 있었다.

〈3번 교향곡〉의 출판은 낭만주의를 특징짓는 강렬한 개인주의 음악의 시대를 열었다. 베토벤 자신은 예술적 영웅의 패러다임에 속해 있었다. 그의 천재성은 물질적 세계의 근저가 되는 정신적 세계의 본질에 대한 새로운 표현을 인식하고 구체화했으며, 또 그럼으로써 지상의 슬픔을 당당하게 초극할 수 있었다. 베토벤은 독일인

화가 카스파르 다비드 프리드리히가 "진정한 예술의 유일한 수원지는…… 우리 자신의 마음이다"라고 표현한 것을 탐구했으며, 그 과정에서 낭만주의 작가들이 가장 순수한 매체로 보았던 것을 자신이 음악으로 전달하고 있다는 사실을 깨달았다. 동료 작곡가이자 음악 비평가였던 E. T. A. 호프만은 이렇게 적었다. "베토벤의 작품은 두려움·공포·전율·고통의 수문을 열고 낭만주의의 본질인 영원에 대한 열망을 불러일으켰다."

알망드 같은 복잡한 스텝을 밟으며 초창기의 왈츠를 추고 있는 빈의 커플들. 알망드에서 각각의 커플은 상대방의 팔 아래에서 회전한다. 우아한 무도장의 귀족들과 선술집의 낮은 계급 사람들 사이에서 인기를 모았던 왈츠는 기교와 세련을 과시하는 훌륭한 수단이었다. 하지만 빈에서는 모든 공적·사적 무도장이 사전 등록을 해야 했다. 사순절과 강림절 기간에는 금지되는 댄스가 음주보다 더 해악을 끼치는 것으로 여겨졌기 때문이다.

어떤 의미에서 음악은 파편화된 현실에 희망과 질서를 제공한다. 베토벤 생존 당시 독일 국가들만큼 파편화된 현실도 찾아보기 힘들었다. 1770년 작곡가가 태어났을 때 700년 역사의 신성로마제국은 누더기처럼 찢어졌음에도 300여 개의 독일 국가들로 느슨하게 연합되어 있었다. 그 국가들은 자그마한 공국으로부터 북부의 강국 프로이센 왕국과 남부의 방대한 오스트리아 제국에 이르기까지 다양했다. 이들 국가 중 63개국은 교회의 지배를 받았으며, 51개국은 함부르크처럼 자유도시들이었다. 어떤 국가들은 프로테스탄트였고, 다른 국가들은 로마 가톨릭이었다. 그들 중 최고 귀족층은 대개 오스트리아 합스부르크 왕가로부터 황제를 선출했다. 정부의 목적은 현재의 상황과 왕권을 유지하는 것이었다.

1789년 베토벤의 나이 열아홉, 프랑스 혁명의 전조가 시작되던 그 무렵 세상은 붕괴 직전이었다. 하지만 이를 예견한 사람은 거의 없었다. 향후 수십 년 동안 유럽의 지도는 나폴레옹 군에 의해 수시로 재조정될 터였다. 프랑스 침입자들을 막지 못한 무력한 독일 국가들은 반복적인 패배의 굴욕을 감수해야 했다. 빈도 두 차례 점령당했고, 1806년 나폴레옹 군의 승리로 신성로마

제국이 해체되었다. 마침내 프랑스가 물러나고 9년 후 나폴레옹이 영구 추방되자, 독일 국가들의 느슨한 결합인 독일연방이 탄생했다. 그러나 정치권력은 대부분 개별 국가들에 남아 있었다.

그러나 이 혼란의 시대에도 불구하고 오스트리아 수도에서는 활기 넘치는 지적·예술적 삶이 번창했다. 그리고 그 중심에 음악이 있었다.

혁명의 에너지가 예술적 혁신으로 분출되었다. 대부분의 생애를 빈에서 보낸 베토벤은 변화된 세상을 반영하고 구현했다. 베토벤 생애의 초창기에 빈에서 비공식적인 회합장소로 주로 여성이 운영했던 살롱은 귀족적·예술적 삶의 중심지로 남아 있었다. 살롱의 관습은 프랑스에서 유래했다. 하지만 프랑스 작가 제르멘 드 스탈의 살롱과 달리 빈의 살롱들은 대개 오스트리아 같은 경찰국가에서 자행되는 무분별한 정치적 활동에 개방적이지 않았다. 그 대신 예술, 특히 음악을 중심으로 움직였다. 빈의 살롱은 계층화된 사회에서 귀족의 제1계층(세습지위)과 제2계층(선출지위)이 중간층이나 예술가들과 사회적으로 교류할 수 있는 유일한 공간이었다.

빈의 세계주의적 특성을 보여주는 대표적 사례로는 그 도시에서 가장 유명한 살롱 운영자 중 하나인 파니 폰 아른슈타인을 들 수 있다. 외견상 그녀는 빈 사회에서 성공하기 힘들어 보였다. 제2계층에 속했던 아른슈타인은 프로이센 인(오스트리아 인으로부터 종종 의심의 눈길을 받는 민족)이자 유대 인(빈은 반유대주의의 오랜 역사와 엄격한 반유대주의 법률을 가지고 있었다)이었다. 하지만 그녀의 살롱은 번창했다.

1814년에서 1815년까지 화려한 빈 의회 시절 아른슈타인과 베토벤 모두 공적 생활의 정점에 있었다. 대다수 유럽 통치자들이 포함된 대의원들의 주요 업무는 오랫동안 지연된 나폴레옹 몰락 이후 유럽의 정치적 구조를 재조정하고 유럽 강국들간의 균형을 정립하는 것이었다. 하지만 파티와 콘서트에 참석하고 애정행각을 벌이는 것도 의회 출석 못지않게 중요한 일이었다.

새로운 힘의 균형의 고안자들은 '평안과 질서'가 나폴레옹 시대 이후의 유럽을 규정해야 한다고 주장하면서 모든 정부들에게 그 시행을 적극 권장했다. 독일 국가들은 전국적인 경찰 감시와 검열, 그리고 소요에 대한 즉각적인 제압에 적극 나섰다.

이런 정치적 압제의 와중에 국내적으로 안정된 시기가 도래하자, 새롭게 출현한 중간계급은 가정·가족·독서·야외소풍 같은 소박한 즐거움을 강조했다. 회화·가구·시·음악에서 수수하고 밝은 양식이 나타난 이 시기는 비더마이어 시대로 알려져 있다. 여러 가지 점에서 비더마이어 양식은 앞선 시대의 정치적 격변과 낭만주의의 격렬한 감정 분출의 반작용이었다.

비더마이어 시대의 한 가지 중요한 측면은 독일과 관련된 모든 것에 대한 새로운 자부심과 통일 독일 설립을 향한 민족주의적 움직임이었다. 이 시기에 독일어와 독일 민요에 대한 진지한 연구가 시도되었다. 야코프와 빌헬름, 그림 형제는 위대한 언어학자였다. 하지만 평온했던 비더마이어 시대는 1848년에 갑작스런 종국을 맞았다. 정치적 압제와 경제적 곤경이 독일 국가 전역에 혁명의 불길을 퍼뜨렸던 것이다.

1827년에 사망한 베토벤은 18세기 중엽에 발생한 광대한 문화적 변혁을 목격할 수 없었다. 하지만 그가 남긴 놀라운 음악은 1848년의 혁명의 불길이 잦아진 이후에도 오랫동안 연주되고 격찬되었다.

루트비히 판 베토벤은 쾰른 선제후에게 봉사하는 궁정음악가 집안에서 태어났다. 당시 쾰른 대주교는 본에서 직책을 수행하고 있었다. 신성로마제국의 많은 공국들에서 궁전악단은 근본적으로 생활의 일부분이었다. 그들은 왕후의 성가대를 위해 미사곡과 칸타타와 오라토리오를, 왕족의 여흥을 위해 오페라와 발레와 관현악 작품을 작곡했다. 음악가들은 봉급과 의상을 제공받았고, 연주가 좋으면 사례금을 받는 하인과 같은 존재였다.

벨기에 출신으로 베토벤과 같은 이름이었던 그의 할아버지는 쾰른 선제후를 위한 악단의 악장이었다. 재능과 훈련이 다소 부족한 편이었던 그의 아버지 요한은 선제후의 합창단에서 노래를 불렀으며, 알코올 중독자였다. 베토벤의 어머니는 8명의 자식을 낳았지만, 그중 다섯이 세상을 떠났다. 그녀는 결혼을 '슬픔의 연속' 으로 바라보았다. 베토벤이 네댓 살 나이가 되었을 무렵, 아들의 재능을 알아본 요한은 베토벤에게 하프시코드를 가르쳤다. 레오폴트 모차르트가 아들 볼프강을 불세출의 신동으로 만들었던 것처럼 베토벤을 그런 신동으로 키우려는 욕심에서였다.

요한 판 베토벤은 레오폴트 모차르트가 아니었다. 그의 음악적 재능은 평범했다. 게다가 널리 알려진 것처럼 그는 아들이 하루 종일 눈물을 흘릴 정도로 혹독한 훈련을 강요한 잔인한 교사였다. 다행히도 몇 년 후 베토벤의 재능이 두드러지기 시작하자 좀더 나은 스승들이 소년에게 관심을 보였다. 12살 무렵 베토벤은 선제후 악단의 하프시코드 연주자가 되었고, 그 몇 년 후에는 보조 오르가니스트가 되어 보수는 물론 푸른 드레스코트와 녹색 반바지, 실크 스타킹을 갖춘 제복을 지급받았다.

베토벤은 금박을 입힌 가구와 빛나는 샹들리

| 괴테의 걸작 |

자신의 인생을 낭비한 것에 자포자기한 노학자는 마법의 책을 펼치고 조급하게 혼령을 불러낸다. 그러자 그의 머리 위에서 불꽃이 터지며 무시무시한 유령이 출현한다(왼쪽). 학자는 유령을 쫓아내려 하지만, 이윽고 유령과 협상하게 된다. 유령은 그에게 영혼을 판다면 새로운 젊음과 순간의 행복을 얻을 수 있다고 꼬드긴다.

요한 볼프강 폰 괴테의 장대한 희곡 〈파우스트〉는 이렇게 시작한다. 괴테는 1749년 프랑크푸르트 암 마인에서 중산층 법률가의 아들로 태어났다. 대학생 시절에 괴테는 비술(秘術)·민담·시와 셰익스피어에 심취했다. 그리고 이들의 영향으로 괴테는 글쓰기에서 고전주의적 접근법보다 자연주의적 접근법을 택하게 되었다. 초창기의 시와 희곡과 소설을 통해 그는

계몽주의의 이성론을 배척하고 강렬한 주정(主情)주의를 옹호했던, 18세기 후반의 질풍노도(Strum und Drang) 문학사조의 중추적 인물이 되었다.

1775년 괴테는 삭스 바이마르 공작령의 궁정 자문관이 되었다. 그러나 글쓰기는 지속했다. 1786년 그는 정신을 새롭게 하기 위해 이탈리아 여행(아래)을 떠났다가 고전예술 형식에 대한 깊은 안목을 갖게 되었다. 바이마르로 돌아온 그는 1770년대부터 시작되었던 〈파우스트〉 집필을 재개했다. 하지만 〈파우스트〉는 그가 죽기 1년 전인 1831년에야 완성할 수 있었다.

파우스트와 달리 괴테는 생전에 빛나는 지적 성공을 거두었다. 그의 성공은 다음과 같은 간단한 사상에 기반을 두고 있었다. "자신이 필요로 하는 모든 것을 성취한 사람이라면 그는 현재의 자기 모습보다 더 위대한 사람으로 스스로를 평가해야 한다."

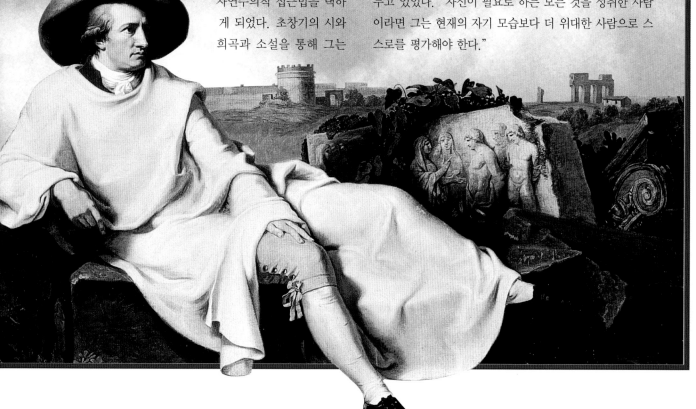

에와 대형 거울로 으리으리하게 장식된 프랑스-이탈리아 풍의 거대한 선제후 궁전에서 일했다. 궁전 정원은 고전적인 베르사유 양식으로 질서정연하게 꾸며져 있었다. 그리고 궁전 소속 연주회장과 그 아래에 극장을 갖추고 있었다.

소년을 위해서는 적절한 장소와 적절한 시간이었다. 선제후들은 모두 음악에 헌신적이었다. 1784년에 왕위를 계승한 막시밀리안 프란츠는 합스부르크 황제의 형제로 특히 음악에 열정적이었다. 궁전은 대형 음악도서관과 끊임없는 연주(모차르트 · 치마로사 · 살리에리 · 글루크의 오페라, 그리고 당시 빈에서 일했던 모차르트와 하이든을 비롯한 많은 작곡가들의 교향곡들)에 자부심을 갖고 있었다.

영감을 주는 세상의 모든 음악과 숙련된 교사들을 갖춘 궁전에서 베토벤은 활짝 꽃필 수 있었다. 그는 교향악을 위한 대부분의 악기들(현악기 · 목관악기 · 금관악기)을 익혔는데, 특히 건반악기를 다루는 능력은 나날이 눈부신 발전을 거듭했다. 건반의 즉흥연주를 대단하게 여겼던 시대에 그는 명인이었다. 그의 능력과 수줍음을 타는 투박한 성격은 본의 조신(朝臣)들의 관심을 끌었다. 그중에서도 브로이닝 가족은 베토벤을 가족의 일원으로 환영했다. 귀족들이 소송에서 하위 계급들과 다른 법정을 사용하고, 귀족 출신의 학생들이 평민 출신 학생들과 따로 앉을 정도로 차별이 심했던 사회에서 이는 무척 이례적인 일이었다. 하지만 브로이닝 가족은 베토벤을 비호했던 많은 귀족들 중 첫 번째 후원자에 지나지 않았다.

다른 음악가들도 젊은 베토벤의 잠재력을 알아보았다. 1797년 소년 베토벤은 빈으로 여행을 떠났다(하지만 어머니의 질환 때문에 단기 체류로 끝났다. 베토벤이 집에 돌아오고 얼마 지나지 않아 어머니는 사망했다). 그곳에서 그는 모차르트를 위해 즉흥연주를 했다. "그를 계속 지켜보게." 모차르트는 친구들에게 말했다. "언젠가 세상을 떠들썩하게 할 걸세."

당시 영국에서 성공적인 여정을 마친 하이든은 돌아오는 길에 본을 지나면서 베토벤이 작곡한 칸타타를 살펴보았다. 그는 베토벤을 제자로 받아들이는

19세기 빈의 상류층은 미리 예약한 화려한 마차를 타고 다녔으며, 다른 시민들은 가로수가 심어진 거리를 어슬렁거리거나 유명한 공원이자 모임 장소인 프라터에서 찻집의 외부 테이블에 앉아 있었다.

데 동의했다. 프란츠 요제프 하이든은 오스트리아에서 가장 위대한 거장이었다. 그는 근 30년 동안 아이젠슈타트에서 니콜라우스 에스테르하지 후작을 위한 악장을 역임했다. 대부분의 궁정 음악가들은 단지 유능한 장인에 지나지 않았지만, 앞선 세대의 요한 제바스티안 바흐와 마찬가지로 하이든은 예외였다. 그는 부분적으로 혁신의 자유를 제공하는 궁정의 직책을 소중하게 생각했다.

 1792년 11월 초, 막시밀리안 프란츠로부터 받은 소정의 급료, 그리고 친구들과 후원자들이 보내는 기원을 가지고 본을 떠난 베토벤은 그후 다시 돌아오지 않았다. 다뉴브 강을 따라 이어지는 빈을 향한 도로에는 숲·평원·촌락, 그리고 요새와 수도원들이 자리잡은 깎아지른 절벽의 풍경이 펼쳐졌다. 그리고 나서 매혹적인 빈 숲과 빈을 둘러싼 교외 마을들을 둘러싼 성벽문을 지나 한때 도시의 장성을 보호하는 해자였던 글라시스라 불리는 탁 트인 경사지를 건넜다. 터키의 침략을 막아내기 위해 건설된 장성은 날씨 좋은 날이면 산책로로 이용할 정도로 거대하고 단단하게 지어졌다.

 장성 안에는 구불구불한 도로와 높이 솟은 첨탑을 가진 도시와 교회, 궁전이 자리잡고 있었다. 그 중심(신성로마제국의 심장부)은 제국의 건물들이 모여 있는 호프베르크였다. 정교한 무늬의 벽과 채색된 천장을 가진 화려한 바로크 식 궁전들뿐만 아니라, 구중중하게 무너져내린 15세기의 궁전들도 거기에 포함되어 있었다. 또한 거대한 제국 도서관과 리피차너로 알려진 백마들을 훈련시키는 유명한 스페인 승마학교도 거기에 속해 있었다. 곳곳마다 품위가 넘쳤다. 좁은 길에는 각양각색의 아파트들과 함께 가옥들과 거대한 저택들이 나란히 자리잡고 있었다.

 도시에는 20만 명의 시민들이 거주했는데, 그들은 험난한 시대의 깊은 슬픔을 도외시하는 경박함과 무관심으로 유명했다. 그들은 또한 음식에 대한 탐닉으로도 유명해, 금욕적인 한 프로이센 인은 "빈의 부유한 시민들은 거의 온종일 먹기만 한다"라고 힐난조로 적었다.

그러나 빈 시민들은 연극과 음악에 대한 애착으로 더 유명했다. 빈은 오페라와 발레가 공연되는 두 곳의 궁전극장을 자랑스러워했다. 귀족의 대저택에서 열리는 수많은 개인적인 콘서트, 국경일과 종교적 축일을 기념하는 공적인 콘서트, 방문 공연자들을 위한 예술원으로 알려진 공적 리사이틀도 수시로 개최되었다. 춤을 위한 무도장과 음악당도 있었다. 거리와 광장에서는 인형을 부리는 광대와 마술사, 마법사, 동물 곡예사, 소시지 행상 등으로부터 온갖 음악을 들을 수 있었다. 가난한 사람들도 새(카나리아 · 핀치 · 나이팅게일)를 넣은 새장으로 열린 창문을 장식했다. 새들의 노랫소리가 거리에 메아리쳤다.

베토벤이 본을 떠날 때 그의 후원자와 친구들이 서명을 남긴 작별의 명부에서 초창기 후원자였던 페르디난트 폰 발트슈타인은 이렇게 적고 있다. "부단한 노력과 함께 당신은 하이든의 손으로부터 모차르트의 정신을 이어받을 것입니다." 실제로 발트슈타인과 막시밀리안 프란츠의 소개서, 하이든의 관심, 놀라운 건반연주 솜씨 덕분에 빈을 찾아온 신참자는 곧 비범한 재능의 소유자로 인식되기 시작했다. 하이든은 그에게 대위법을 가르쳤다. 유명한 장크트 스테파누스 대성당의 악장이었던 요한 게오르크 알브레히츠베르거는 그에게 관현악 훈련을 전수했다. 제국의 악장이었으며 한때 모차르트의 라이벌로서 모차르트를 살해했다는 풍문이 나돌았던 안토니오 살리에리는 그에게 성악 작곡을 가르쳤다.

제국 전역(이탈리아 · 헝가리 · 발칸 국가들 · 프로이센)의 저명인사들이 몰려 있던 국제도시 빈에서 귀족들은 베토벤을 영웅시했다. 귀족들의 후원과 보호는 매우 중요했는데, 오스트리아의 모든 예술과 대부분의 사업들을 지배계급이 좌지우지했기 때문이다.

빈 생활 초창기에 베토벤은 누추한 방에서 거주했다. 그는 '비참하다'고 적었다. 하지만 시련은 그리 오래 가지 않았다. 몇 주 지나지 않아 그는 카를 왕자와 크리스티네 리히노프스키 공주 소유의 화려한 대저택에서 생활하게 되었다. 이전의 브로이닝 가문과 마찬가지로 왕자와 공주는 베토벤을 마치 친자식처럼 대해주었다. 그들은 베토벤보다 그리 많은 나이는 아니었지만 품위가 있었으며, 슐레지엔에 보유한 토지를 통해 막대한 부를 쌓아두고 있었다. 그들은 음악에 대한 사랑과 지원으로도 유명했다.

훌륭한 피아니스트이기도 했던 카를 왕자는 모차르트의 친구이자 제자였다. 빈의 '미의 3여신'으로 불릴 정도로 사랑스러웠던 리히노프스키 공주는 저명한 음악 후원자의 딸이었으며, 그녀 자신도 훌륭한 음악가였다. 그녀의 여동생은 또 다른 유명한 음악 열성가였던 러시아 대사 안드레아스 라주모프스키 백작과 결혼했다. 능숙한 바이올리니스트였던 백작은 하이든의 어려운 4중주를 완벽하게 연주할 정도로 뛰어난 기량을 가지고 있었으며, 후일 사설 4중주단을 창설하여 종신계약을 맺기도 했다.

이런 음악계에 속한 다른 인물들을 열거하자면 다음과 같다. 고트프리트 판 슈비텐 남작은 제국도서관 관장이었다. 그는 게

뮌헨의 장터에서 한 동물 조련사가 훈련시킨 개의 기량을 시험하고 있다. 남녀노소를 불문하고 모든 계층의 사람들이 신기한 광경을 멍하니 바라보고 있다. 낙타 위에서 꽥꽥거리는 원숭이와 특이한 의상을 차려 입은 개들도 보인다(오른쪽). 이와 같은 동물 쇼는 현대 서커스의 선조였다.

오르크 프리드리히 헨델과 요한 제바스티안 바흐의 합창 음악 보존을 위한 단체를 조직했으며, 하이든의 오라토리오 〈사계〉와 〈천지창조〉의 대본을 작사했다. 프란츠 요제프 로브코비츠 공작은 '아이처럼 선량하고 음악에 미쳐 있는 인물'로 묘사되었다. 헝가리 서기를 역임했던 니콜라우스 폰 도마노베츠 백작은 작곡자에게 헌신적이었다. 많은 곳을 여행했던 모리츠 폰 프리스 백작은 베토벤이 여러 편의 음악작품들을 헌정했던 사람이다.

이들은 우리가 상상할 수 없을 정도의 특권을 누리고 살았으며, 가끔은 데카당스한 생활에 빠지기도 했다. 로브코비츠는 고독에 애착을 가지고 있어, 자신의 아파트에 설치된 대형거울을 통해 통행인들을 관찰하면서 수주일 동안 은둔하곤 했다. 그리고 수년 동안 자신에게 전달된 편지를 봉투도 뜯지

19세기 희곡 〈1722, 1822, 1922〉의 한 장면에서 배우들이 빈 근교 요제프슈타트를 가득 메운 청중들에게 제스처를 취하며 큰 소리로 말하고 있다. 18세기 후반에서 19세기 초반의 다른 인기 희극들과 마찬가지로, 다산의 희곡작가 카를 마이스트의 이 작품은 배우들에게 즉흥연기할 기회를 많이 주기 위해 완전한 대본을 가지고 있지 않았다.

않고 내버려두기도 했다. 라주모프스키는 외교관 생활을 하면서 유럽의 많은 여자들을 섭렵했다. 나폴리 여왕도 그가 정복한 여자들 중 하나였다. '냉소적인 호색가'로 알려졌던 카를 리히노프스키는 방탕한 빈에서조차 악명이 높았다. 빈의 화려한 교회에서 거행되었던 11시 30분 예배는 '매춘부의 미사'로 불려졌다. 늦게 일어나는 많은 매춘부들이 그 예배에 참석했기 때문이다.

하지만 음악가에 관한 한 빈 귀족들의 관심은 정중하고 협조적이었다. 리히노프스키는 매주 금요일마다 콘서트를 개최했으며, 다른 귀족들도 콘서트와 리사이틀을 준비하며 자신들이 보호하는 젊은 천재들을 애지중지했다. 그들은 음악가들에게 정기적인 급료를 포함하여 재정적인 뒷받침을 해주었다.

베토벤에게서 뭔가 새로운 것을 감지한 그의 후원자들은 그의 괴팍한 성격을 감내했다. 베토벤은 본을 떠나면서 궁정의 예의바름을 벗어났다. 당시에 한 피아니스트는 변화하는 세상의 전조였던 작곡가에 대해 간략한 묘사를 남겼다. "하이든과 살리에리는 작은 음악실의 소파에 앉아 있었다. 그들은 모두 시뇽(뒷머리를 땋아 붙인 쪽)과 신발, 긴 양말을 갖춘 옛 방식의 정교한 옷차림이었다. 반면 베토벤은 자유분방하고 촌스런 라인 풍의 옷차림을 하고 있었다."

"그는 자신의 음악을 듣는 사람들의
눈시울을 적시게 하는 법을 알고 있었다."

실제로 젊은 시절 베토벤의 옷차림은 기분에 따라 제멋대로이기도 하고 단정하기도 했다. 가족과 계급에 대한 그의 감정도 복잡하긴 마찬가지였다. 비참하고 불행한 집안 출신이었던 그는 화목한 가족생활을 갈망했다. 리히노프스키 가문도 그의 많은 대리 가족들 중 하나였다. 심지어 독립하여 자신의 아파트에서 생활할 때에도 그는 그들 근처에 머물려고 애썼다. 그는 유대감을 맺으려고 안달하기도 했다. "그들은 나를 손자처럼 잘 대해주었다. 이따금 공작부인은 나를 위해 유리등 깃을 만들어줄 정도로 내게 극진한 애정을 쏟았다. 무가치한 사람이었다면 결코 내 몸에 손을 대지 못했을 것이다."

베토벤은 자신의 귀족 후원자들과 동등하게 여겨지길 원했다. 그의 말투와 몸가짐은 영락없는 평민이었지만, 그의 이름에 포함된 네덜란드 어인 '반(van)'이 귀족 출신을 의미하는 독일어 '폰(von)'으로 잘못 받아들여지고 있다는 사실을 밝히지 않았다. 또한 자신이 프로이센 왕의 사생아라는 소문에 대해서도 여러 해 동안 반박하지 않았다. 그리고 후원으로 해석될 수 있는 것에 대해 지나치리만큼 민감하게 반응했다. 늘 사려가 깊었던 리히노프스키 공작은 베토벤과 자신의 벨이 동시에 울렸을 때 베토벤의 벨에 먼저 응답하라고 하인에게 당부했으며, 베토벤이 승마를 익히자 자신의 마구간을 자유롭게 사용할 수 있도록 아량을 베풀었다. 그러나 베토벤은 말을 구입했지만 그 일을 까맣게 잊고 지냈으며 리히노프스키가 매일 오후 4시에 개최하는 성대한 만찬을 거부했다. '매일같이 내가 3시 반에 집에 돌아와서 옷을 갈아입고 면도하고, 이 모든 일을 해야 합니까?' 그는 말을 마치고 식사를 위해 선술집으로 향했다.

베토벤은 주위 사람에게 많은 애정과 친절을 베풀었으며, 농담을 좋아했다. 하지만 끔찍한 성격의 소유자이기도 했다. 그는 자신의 후원자와 스승, 친구들과 자주 불화를

빈에 위치한 안드레아스 라주모프스키 백작의 궁전 같은 저택을 둘러싸고 있는 호화로운 정원을 사람들이 산책하며 즐기고 있다. 1814년 라주모프스키의 대저택이 불타기 전 베토벤은 이곳에서 열리는 콘서트에 특별 손님으로 종종 참석하곤 했다.

겪었다. 그는 느닷없이 화를 잘 냈는데, 그것이 가끔은 폭력적이었다. 웨이터에게 음식을 집어던지기도 했다. 하지만 화를 낸 후에는 대개 후회막급이었다. 그는 가장 이상적인 방식으로 선량한 사람이 되고 싶어했다.

대체로 그의 친구와 후원자들은 그에게 충실했다. 일찌감치 그의 위대함을 간파했기 때문이다. 처음에 그들은 새로운 스타일의 피아니스트로 베토벤을 인식했다. 몇몇 이들은 그의 거친 스타일을 피아노 명장들의 정교한 스타일과 비교했다. 베토벤의 스타일은 청중을 압도하는 힘을 가지고 있었다. 한 동시대인은 이렇게 말했다. "그는 누구를 만나건 자신의 음악을 듣는 사람들의 눈시울을 적시게 하는 법을 알고 있었다. 많은 사람들이 주체할 수 없이 눈물을 흘리곤 했다. 그의 생각의 아름다움과 독창성에 더하여 그의 표현에 어떤 경이로움이 있었기 때문이다."

불과 2,3년 만에 작곡가로서의 그의 명성은 하늘을 찔렀다. 출판업자들은 초조하게 그의 작품을 기다렸고, 그의 후원자들은 그에게 도움을 주기 위해 발 벗고 나섰다. 리히노프스키는 피아노 명인이 아니라도 연주가 가능하다는 것을 베토벤에게 보여주기 위해 그의 소나타를 공부하고 연습했다. 라주모프스키는 자신의 사설 4중주단의 재량권을 베토벤에게 맡겼다. "라주모프스키의 대저택에서 그는 마치 닭장 안의 암탉과 같았다." 한 관찰자의 기록이다. "그들은 그가 작곡한 모든 것을 암탉이 낳은 계란처럼 다루며 따끈따끈할 때 둥지에서 꺼내어 프라이팬에 올려놓았다. 모든 음표들이 작곡가가 원하는 대로 정확히 연주되었다. 연주자들은 위대한 천재에 대한 경애에 의해서만 가능한 헌신과 사랑과 순종과 신심을 가지고 그의 곡을 연주했다." 베토벤은 매사에 몹시 서툴렀기 때문에(마맛자국이 있는 그의 얼굴에는 늘 면도칼에 베인 자국이 남아 있었다) 도마노베츠는 그의 소중한 손이 다치지 않도록 그를 위해 깃펜을 깎아주었다.

생계유지를 위해 베토벤은 자기 사업도 해야 했다. 그는 몇몇 제자들을 받아들였는데, 황제의 형제인 합스부르크 대공 루돌프도 그중 하나였다. 베토벤은 대공을 엄하게 다루었다. 귀족의 집에서 연주하면 그들은 우아한 작은 상자에 돈을 담아 조심스럽게 베토벤에게 건넸다. 베토벤은 자신의 작품에 대한 부분적인 권리를 출판업자에게 팔았으며, 후원자들에게 새로운 작품을 구입하도록 설득하기도 했다. 그는 그 작품을 그들에게 헌정했다. 수익을 위한 콘서트에서도 자신의 작품을 연주했다. 그는 음악당의 임대료와 공연 세금을 냈으며, 자신이 직접 연주하고 지휘했다. 심지어 표를 팔기도 했다. 하지만 그에게 이런 모든 활동들은 성가신 것이었다.

1809년 새로운 궁정악단의 악장을 맡아달라는 베스트팔렌의 왕 제롬(나폴레옹의 동생)의 초청을 받고부터 베토벤은 이런 잡무에서 벗어날 수 있었다. 베토벤이 빈을 떠날 수도 있다는 것을 염려한 3명의 후원자들이 평생 동안 상당한 급료를 그에게 제공하기로 합의했던 것이다. 빈 또는 적어도 오스트리아에 머문다는 것이 그 조건이었다. 그리고 그들은 '중요한 작품의 창작'을 위해 베토벤을 방해하지 않기로 약속했다.

이런 관대한 후원 덕분에 베토벤은 작곡에 심혈을 기울일 수 있었다. 그는 음악의 세계에 파묻혀 살았다. 그는 자리에서 일어나 아침을 먹자마자 곧바로 책상으로 다가가 작곡을 시작했다. 오후에는 영감이 떠오를 때마다 재빨리 악보를 적을 수 있도록 공책을 들고 이리저리 거닐었다. 매해 여름에는 오스트리아 시골의 산과 초지에 머물렀다. 처음에는 후원자의 별장을 이용했지만, 나중에는 여기저기서 방을 임대했다. 그는 정처 없이 걸어다니며 루소처럼 자연을 받아들이고 거기에서 영감을 얻었다. 그는 이렇게 적었다. "모든 나무들이 내게 말했다. 신성하도다! 신성하도다."

도시와 거리가 먼 이런 몽상은 30대 초반의 베토벤의 창조성과 혁신을 폭발시키는 데에 매우 중요한 역할을 했다. 낭만주의 사상, 특히 독일 낭만주의 사상의 조류가 그의 마음속에서 흘러가고 있었다. 그는 음악을 제외하고는 정규교육을 아주 기초적인 수준밖에 받지 못했다. 철자법은 형편없었으며 수학은 간단한 덧셈 정도만 가능했다. 하지만 그는 독서에 열중했다. 실러의 희곡을 격찬했을 뿐더러, 자신의 작품에 인용하기도 했다. 후일 실러의 〈환희의 송가〉는 베토벤의 숭고한 마지막 교향곡의 중심 소재가 되었다. 또 괴테에 대해서는 마치 영웅을 숭배하듯 했다. 그들과 다른 이들로부터, 그리고 자신의 깊숙한 내면으로부터 그는 낭만주의식으로 무자비한 운명을 탐구했고, 관용과 사랑의 창조적인 힘을 믿었으며, 이런 영원한 실체를 밝히는 데 있어 예술가의 중요한 역할을 확신했다.

베토벤은 사랑을 염원했으며, 반복적으로 사랑을 찾아나섰다. 그가 숭배한 여인들은 젊고 음악을 좋아하고 아름답고 귀족적이었다. 하지만 그들의 계급과 베토벤의 괴팍함 때문에, 그리고 그 여인들이 결혼했기 때문에 결코 이루어질 수 없는 사랑이었다. 그의 연인이라는 풍문이 돌았던 여인들의 이름은 그의 헌정과 곳곳에 흩어져 있는 메모에 남아 있다. 줄리에타 주치아르디 백작부인에게 그는 〈월광 소나타〉를 헌정했다. 폰 다임 백작과 불행한 결혼생활을 했던 요제피네 폰 브룬스빅 백작부인은 '내 마음의 천사'로 불렀으며, 그녀를 위해 〈희망에 대해〉라는 가곡을 작곡했다. 그리고 병약한 마리아 에르되디 백작부인을 위해 즐거운 분위기의 〈E플랫장조 트리오〉와 신비로운 〈D장조 유령 트리오〉를 작곡했다.

베토벤은 새벽 햇살이 어지러운 그의 방을 채울 때까지 피아노에서 작곡에 몰두했다. 바닥에 널려 있는 구겨진 종이 조각들은 작품을 다듬는 데 많은 시간이 걸렸음을 보여준다. 위 사진은 그가 작곡한 트리오 B플랫 장조의 첫 페이지다. 이 악보에 그는 "나의 귀여운 친구 막세 브렌타노의 피아노 연주를 돕기 위해"라고 휘갈겨썼다. 비록 신경질적이긴 했지만 베토벤은 안토니와 프란츠 브렌타노의 딸 막세 같은 어린이들과 사귀는 것을 좋아했다. 그는 어린 방문객들을 위해 항상 사탕을 준비해두었다.

여자들은 베토벤의 천재성을 우러러 공경했지만, 한 개인으로서의 그는 거부했다. 오직 한 여자만이 그에게 사랑으로 보답했던 것으로 보인다.

그녀의 존재에 대한 맨 처음 암시는 베토벤의 사후에 나타났다. 당시 그의 친구들은 한 서랍에서 '불멸의 연인'의 편지로 알려진 서한을 발견했다. 1812년 여름에 쓰인 그 편지는 끝끝내 발송되지 않은 편지였다. 당시 베토벤은 테플리츠의 보헤미안 휴양지에, 여인은 카를스바드에 머물고 있었다. 베토벤의 글에 따르면, 그녀의 사랑은 그를 '가장 행복하면서 동시에 가장 불행한 사내'로 만들었다. 그들의 결합은 불가능했다.

"당연히 할 말을 하는데도 왜 이토록 깊은 슬픔이 밀려드는지…… 당신이 온전히 나의 사람이 아니고, 나 또한 온전히 당신의 사람이 아니라는 사실을 당신이 바꿀 수 있을까요?"

이틀에 걸쳐 씌어진 편지는 다음과 같이 끝을 맺고 있다.

"영원한 당신의, 영원한 나의, 영원한 우리들의."

불멸의 여인의 이름은 편지에 밝혀져 있지 않았다. 하지만 사람들은 곧바로 그녀의 정체에 대해 추측하기 시작했다. 몇몇 사람들은 그녀가 빈의 귀족 정치가의 딸로 프랑크푸르트 상인과 결혼한 안토니에 브렌타노일 거라고 생각했다. 1812년에 그녀는 32세였으며 4명의 자녀를 두고 있었다. 베토벤은 브렌타노 가족이 안토니에가 사랑했던 빈에 체류했던 2년 전부터 그 가족과 친하게 지냈다. 안토니에 브렌타노는 작곡가의 천재성을 숭배하다 나중에는 사랑하게 되었다. 그녀의 애정은 필경 보답을 받았을 것이다. 그녀가 질색했던 프랑크푸르트로 가족이 다시 돌아가려 하자 그녀는 상심에 빠졌다. 그때 베토벤이 그녀를 찾아갔다. 브렌타노 가족의 가까운 친구로서 작곡가는 "아

많은 이들이 베토벤의 '불멸의 연인'으로 여기고 있는 안토니에 브렌타노. 그녀는 병을 앓고 있던 아버지와 가까이 있기 위해 빈으로 이사하면서 베토벤을 만났다. 네 자녀의 어머니였던 안토니에와 프랑크푸르트 상인 프란츠는 베토벤의 평생 친구가 되었다. 〈디아벨리 변주곡〉을 헌정하면서 베토벤은 그녀를 '좋은 시절과 나쁜 시절'의 친구로 언급했다.

몇몇 사람들은 요제피네 폰 브룬스빅을 베토벤의 신비의 연인으로 생각하고 있다. 브룬스빅이 가난하고 불행한 첫 결혼생활을 하는 동안 베토벤은 그녀에게 무료로 피아노 교습을 해주었다. 그리고 그녀가 미망인이 된 후 베토벤은 13통의 연애편지를 보내면서 구애했다. 하지만 그녀는 그를 거부하고 다른 사람과 결혼했다. 그녀의 두 번째 결혼 역시 첫 결혼만큼 즐거움이 없었으며 결국 이혼으로 막을 내렸다.

무 말 없이 그녀의 곁방에 있는 피아노에 앉아 즉흥연주를 시작했다…… (그러고 나서) 그는 다른 사람에게 알리지 않고 들어올 때처럼 소리 없이 그 집을 나섰다." 작곡가는 〈디아벨리 변주곡〉을 헌정하여 브렌타노를 불멸의 존재로 만들었다.

하지만 이 기간 실연보다 더한 것이 베토벤을 고독한 삶으로 몰고갔다. 청력의 상실이 그것이다. 베토벤은 20대 후반부터 귓병을 앓고 있었다. 비록 귓병으로 인해 대화에 지장을 받은 것은 1812년, 음악에 지장을 받은 것은 1817년부터였지만, 그는 청력이 약해지자마자 곧바로 소외감을 느끼기 시작했다. 그는 한 친구에게 이렇게 적고 있다. "내 귀에서 밤낮으로 윙윙거리는 소리가 그치질 않네. 틀림없이 난 비참한 삶을 살아야 할 거야. 근 2년 동안 난 사회적 활동에 일절 참여하지 않았네…… 만약 내가 다른 직업을 가졌다면 내 병에 대처할 수 있었을 걸세."

베토벤은 치료를 위해 의사를 찾아 백방으로 뛰어다녔다. 하지만 당시의 의약품은 작곡가의 불가해한 질병은커녕 알려진 풍토병들(콜레라·발진티푸스·장티푸스·천연두·매독 등)조차 치료할 수 없는 수준이었다.

처음에 베토벤은 절망하여 자살할 생각을 했다. 1801년과 1802년 사이에 두 차례 헤일리겐슈타트의 시골 마을에서 베토벤을 방문했던 페르디난트 리스는 이렇게 적었다. "나는 딱총나무 가지로 만든 피리를 무척 잘 부는 목동에게 피리를 불어줄 것을 부탁했다. 하지만 베토벤은 30분 동안 아무것도 듣지 못했다…… 그는 좀처럼 말문을 열지 않았으며 몹시 침울해했다."

하지만 베토벤은 용기를 되찾고 자신의 음악을 계속 추구했다. 그는 이렇게 적었다. "매일같이 나는 느끼긴 하지만 설명할 수 없는 목적에 가까이 다가가고 있다. 나는 운명의 목을 졸라버릴 것이다. 운명은 결코 나를 완전히

꺾어놓지 못할 것이다."

　이런 가혹한 실연, 청각으로 인한 소외, 전쟁 중인 국가, 두 번이나 침략 당한 도시라는 주변환경에도 불구하고 베토벤은 비할 데 없이 훌륭한 음악을 구축해가고 있었다. 1800년 이전에도 그는 경이로운 작품들을 창작했다. 그중 몇몇은 걸작에 속했지만 소규모 실내음악들이었다. 이제 그는 대작을 창작하는 데에 심혈을 기울이기 시작했다. 이 기간에 그는 오페라 1곡, 오라토리오 1곡, 미사 1곡, 교향곡 6곡, 협주곡 4곡, 현악4중주 5곡, 트리오 3곡, 바이올린 소나타 3곡, 피아노 소나타 6곡, 그리고 무대곡과 가곡, 피아노 변주곡과 몇 개의 서곡들을 작곡했다.

　베토벤은 이런 작품들을 가지고 음악의 혁명을 불러일으켰다. 교향곡 음악의 기본인 3악장 내지 4악장(제시부·전개부·재현부·종결부)을 가진 고전적 소나타 형식에서 벗어나지 않으면서도 그는 과거에는 상상할 수 없을 정도로 그 규모를 확장시켰다. 그는 음악의 구조에 복잡성·비대칭·무조성(無調性)과 강하고 포괄적인 화음을 도입했다. 이런 요소들은 그의 작품을 인간 영혼의 드라마로 변화시켰다. 가장 가벼운 것부터 가장 심오한 것에 이르기까지 모든 감정들이 결합되고, 갈등을 일으키고, 음악 그 자체 내에서 승화되었다. 이것은 죽을 운명의 음악이자 생명 재생의 음악이었다.

　베토벤의 생경한 양식에 대해 특히 연로한 음악가들 사이에서 반발이 있

1802년 여름, 31세의 베토벤(오른쪽)은 빈 외곽에 위치한 하일리겐슈타트(왼쪽)의 작은 시골 마을을 돌아다니며 많은 시간을 보냈다. 그는 평소처럼 새로운 음악을 창작했지만, 악화되는 귓병을 체념하며 받아들이고 있었다. 자신의 청력 상실을 감추기 위해 베토벤은 사교 모임을 피했다. 하일리겐슈타트에서 보낸 한 편지에서 그는 이렇게 말했다. "다른 사람들보다 더 완벽해야 하는 청각에 장애가 있다는 것을 어떻게 내가 밝힐 수 있단 말인가." 마을에 머무는 동안 그는 자살에 대한 생각을 극복하고 새롭게 창조적 시도를 함으로써 귓병의 도전을 받아들이기로 결의를 다졌다.

었다. 하지만 일반적으로 말하자면 베토벤 열병이 유럽을 휩쓴 것이었다. 1808년경 합스부르크 영토 어디에서건 프로그램에 그의 이름을 내건 콘서트는 성공의 보증수표였다. 영국에서도 그는 엄청난 인기를 끌었다. 프랑스 공포증을 가지고 있던 다른 모국인들처럼 프랑스에 대해 그는 이렇게 말했다. "프랑스 인들은 내 음악이 그들의 연주 능력을 넘어선다는 것을 알고 있다."

1820년대에 들어서면서 그의 주변에 그림자가 드리우기 시작했다. 프랑스로부터 들어온 막대한 전쟁배상금으로 통화가 평가절하되자 그의 연금은 5분의 4쯤 줄어들었다. 베토벤의 후원자들은 죽거나 라주모프스키처럼 모국으로 돌아갔다. 하지만 루돌프 대공과 함께 베토벤의 진가를 알아본 사람은 라주모프스키였다. 그는 빈 회의 기간에 베토벤의 수익을 위한 갈라 콘서트를 무대에 올림으로써 그의 여생을 뒷받침해야 한다고 생각했다.

일찍이 유럽에서 벌어진 행사 중에서 빈 회의에 비견될 만한 것은 없었다. 1814년 9월, 10만 명의 외국인들이 빈으로 몰려들었다. 이들 중에는 러시아 차르, 4명의 국왕들, 5명의 왕자들, 수많은 공작과 대공들, 그밖에도 많은 귀족들과 수행원들이 포함되어 있었다. 사람들은 다른 무엇보다도 지난 20년 동안의 공포가 재발되지 않도록 확실한 보장을 원했다.

몇 년에 걸친 패배 끝에 얻은 승리의 안도감과 회의를 주최하는 주인으로서의 자긍심으로 빈에서는 특별한 축제가 벌어졌다. 축제의 조직과 비용은 오스트리아 황제 프란츠 1세와 결핵을 앓았던 그의 젊은 아내 마리아 루도비카, 그리고 그들의 수행원들이 떠맡았다. 축제 위원회를 책임진 사람은 마리아와 궁전 사령관인 트라우트만스도르프 공작이었다. 그는 음식과 숙박으로부터 여흥과 수송에 이르기까지 모든 것을 조직해야 했다.

많은 저명인사들이 머물렀던 호프부르크에서는 매일 밤 만찬을 위해 40개의 식탁을 준비했다. 왕족들간의 서열문제를 해결하기 위해 손님들은 연령순으로 배치되었다. 그 때문에 여주인인 황후는, 반월형의 테이블을 잘라내야 했을 정도로 뚱뚱했던 뷔르템베르크의 늙은 왕과 늘 식사를 함께해야 했다.

만찬 외에도 호프부르크에서는 매주 무도회가 열렸다. 매주 월요일과 토요일에는 왕족의 연회가 개최되었다. 황제의 야외 영지에서는 사냥 파티가 열렸다. 이보다 훨씬 사치스러운 행사들도 있었다. 빈 의회는 프라터(도나우 강의 매혹적인 섬에 위치한 공원)에 일렬로 늘어서 있는 밤나무를 따라 오스트리아 군이 개선 행진을 하도록 했으며, 뒤이어 1,800명을 위한 평화의 무도회가 열렸다. 호프부르크의 승마장에서는 중세의 마상시합이 성대하게 개최되었다.

트라우트만스도르프는 녹색으로 화려하게 장식된 300대의 마차들을 제공했는데, 거기에는 황색 군복을 입은 황제군, 1,400마리의 말과 저명인사들의 운송에 필요한 마부들이 딸려 있었다. 평소와 달리 포근했던 기후가 1월 들어 눈보라로 변하자, 쉰브룬 성(빈 외곽에 위치한 합스부르크 가의 매우 아름다운 황색 궁전)에서 열리는 연회에 참석할 수 있도록 손님들에게 화려하게 채색된 썰매(오케스트라를 동반한 큰 썰매) 호위군이 제공되었다.

하지만 이것은 왕족의 여흥의 일부에 불과했다. 빈 사회의 대저택과 아파트에서는 파티와 살롱이 하루도 쉬지 않고 계속되었다. 그중에서도 단연 매력적인 곳(동시에 비밀경찰이 빈틈없이 감시하던 곳)은 항시 개방되어 있던 파니 폰 아른슈타인과 그녀의 남편 나탄

남작의 저택이었다.

베를린에서 수완 좋은 유대 인 금융업자의 딸이었던 아른슈타인은 당시 50대의 나이였다. 그녀는 키가 크고 늘씬했으며, 푸른 눈을 가지고 있었으며, 독일어뿐만 아니라 프랑스 어와 영어와 이탈리아 어도 유창했다. 그녀는 피아노를 연주했으며 즐겁게 노래했다. 1776년 젊은 나이에 빈에 도착한 직후부터 아른슈타인은 35년 동안 대형 아파트에서 떠들썩한 살롱을 열었다. 18세기에 막 접어들 무렵 유대 인·기독교도·귀족·지성인·예술가·사업가 등등 누구나 할 것 없이 아른슈타인의 집을 드나들었다. 한 젊은 바이에른 방문객의 말이다. "그녀는 낯선 사람들 모두에게 공손히 대했다. 그녀는 즉시 유쾌한 친분을 쌓는 법을 알고 있었다. 정오부터 밤 12시까지 그녀의 살롱에서는 누구든 특별한 초대 없이 고급 손님들을 일상적으로 만날 수 있었다. 그들은 요란한 격식 없이 찾아왔다가 공식적인 작별인사 없이 그 집을 떠났다. 고위층의 성가신 예법은 금지되었다. 예의범절의 엄격한 족쇄에서 벗어난 영혼은 그곳에서 좀더 자유롭게 숨쉴 수 있었다."

아른슈타인의 영혼은 자유로웠다. 그녀는 자신만의 길(빈 정부의 감시를 받아야 했던 그 길)을 걸었다. 대다수 독일인들과 마찬가지로 그녀 역시 프랑스 공포증을 가지고 있었지만, 동시에 프로이센에 대한 열렬한 애국자이기도 했다. 도시 관료들도 갖지 못했던 그런 애국심이었다. 이따금 빈은 베를린과 갈등을 일으켰는데, 특히 당시처럼 권력과 영토분할이 문제가 될 경우 갈등의 골은 더 깊어졌다.

빈 회의 기간에 아른슈타인의 집은 프로이센 외교관들이 즐겨 찾는 곳이었다. 한 경찰 밀고자는 이렇게 적었다. "여주인은 프로이센에 유리한 견해에 영향을 주기 위해 남을 비방하는 말을 했다." 따라서 오스트리아 인인 그녀의 남편이 참석하지 않은 저녁 만찬에는 많은 프로이센 인들이 그녀의 집을 찾았다. 파니는 살롱 외교의 본령을 차지하고 있었다. 각국의 공작·백작·

장군과 외교관들(심지어 교황의 사절까지)이 그녀의 집을 수시로 들락거렸다. 그들의 대화는 솔직하고 정치적이었다.

아른슈타인이 빈에서 그토록 성공하고 존경받는다는 사실은 놀라운 일이었다. 로마 시대 이후로 유대 인은 독일 땅에 거주했는데, 최악의 경우 그들은 대학살이나 추방당했고, 기껏해야 관용의 처분을 받아 삶을 겨우 유지할 수 있는 정도였다. 그들은 대부분의 거래와 토지 소유에서 배척당하는 신세였다. 그러나 대부금에 대한 이자 요구를 금한 교회 덕분에 유대 인들은 유럽의 대금업자 · 은행업자 · 경화주조자 · 상인 · 금융업자가 될 수 있었다. 전쟁을 위해 현금이 필요했던 군주들은 모두 그들의 유용성을 재빨리 알아챘다. 막대한 유대 인의 부(파니와 나탄의 아버지들의 재산과 같은 부)가 등장했다. 그리고 파니의 매부의 아버지이자 작곡가 펠릭스 멘델스존의 조부인 모제스 멘델스존 같은 위대한 유대 인 예술가와 학자들도 등장했다.

하지만 아무리 높은 지위에 오르고, 아무리 높은 교양을 쌓고, 아무리 많은 재산을 모았다 할지라도 유대 인은 여전히 차별받는 존재였다. 가령 베를린에서 신혼여행에 나섰던 아른슈타인은 야만적인 드레스덴 통행료 징수원들이 젊은 부부에게 오직 소와 돼지와 유대 인들에게만 적용되는 세금을 요구하는 광경을 목격했다. 그녀의 시아버지가 구입한 특별한 통행증 덕분에 그들은 세금을 면제받았지만, 그는 추악한 그 광경을 절대 잊지 않았다. 빈에 도착한 아른슈타인은 베를린보다 빈에서 반유대주의가 더 심하다는 사실을 알게 되었다. 부분적으로 이것은 당시 황후였던 가혹한 마리아 테레지아 때문이었다.

그러나 마리아 테레지아의 아들 개혁가 요제프 2세는 왕위를 계승하자 관용령을 공표했다. 1781년에 발표된 이 칙령으로 유대 인들은 '어느 곳에서건 기독교 명장들로부터 수공예품과 매매에 관한 다양한 방법들을 배울 수 있게 되었으며', 회화와 조각과 인문과학을 익힐 수 있게 되었다. 신분을 나타내

는 노란색 헝겊 조각을 더이상 착용할 필요도 없었다(베를린에서는 이미 한 세기 전에 사라진 관행이었다). 이런 변화는 유럽 전역에서 유대 인 해방의 첫 걸음을 예고하는 것이었다. 하지만 유대인이 일반시민들과 동등한 권리를 갖는 것은 하늘의 별 따기였다. 그들은 공적인 종교예배를 실시하거나 유대 인 예배당을 소유하거나 혹은 히브리 어 출판물을 간행할 수 없었다.

파니는 그녀의 모국에 대한 나폴레옹의 행위들을 증오했지만, 아이러니컬하게도 1791년에 나폴레옹은 자신이 정복한 모든 영토에서 유대 인을 차별하는 모든 법률을 폐기하는 프랑스 칙령을 강제로 시행했다. 물론 그가 패배하자 이 칙령도 철회되었다. 독일 유대 인 대표들이 빈 회의에 참석했다. 그들이 획득

체조와 민족주의

젊은이들이 밧줄과 사다리와 장대를 오르고 있다. 그들은 19세기 독일 교육자이자 민족주의자 프리드리히 루트비히 얀이 설명한 방식대로 운동하면서 목재 들보에서 균형을 맞추고, 한 쌍의 고리에서 몸을 흔들고, 다양한 자세로 매달렸다. 얀(미래의 세대들은 그를 체조의 아버지로 간주했다)은 이런 운동이 육체적 능력뿐만 아니라 도덕성도 향상시킨다고 생각했다. 1811년 베를린에서 그는 최초의 체육관을 열었다. 동시에 그곳을 자신의 민족주의적 견해를 펼치기 위한 장으로 이용했다. 7년 후 당국은 국가 전복의 사상을 전파한다는 이유로 그를 수감했다. 그후 1823년 방면될 때까지 그의 체조교육은 금지되었다.

한 것이라고는 해방을 권장한다는 애매한 성명뿐이었다. 그리고 10년 후 독일의 국가주의가 고개를 내밀기 시작하자 유대 인에 대한 관용은 더욱 빛을 잃었다.

그럼에도 불구하고 1815년에 아른슈타인 가문(왕을 재정적으로 지원한 대가로 빈 최초로 귀족에 오른 유대 인 가문)은 귀족의 제2서열까지 올랐다. 파니의 여흥은 빈 회의 기간에 남편과 함께 애국적인 무도회를 무대에 올림으로써 절정을 구가했다. 그들의 아파트가 다 수용하지 못할 정도로 많은 군중들이 찾아왔다. 그들은 공공 무도장을 빌렸다. 행사는 콘서트와 함께 시작되어 댄스와 호화로운 저녁만찬으로 이어졌다. 겨울 속의 봄을 만든다는 장식 명목으로 회당에는 수입한 귀한 꽃과 나무들이 가득했으며, 나무에는 손님들이 따먹을 수 있도록 체리와 복숭아와 살구가 그대로 달려 있었다. 이때가 바로 아른슈타인의 절정기였다. 그녀는 불과 3년 후인 1818년 6월에 병으로 세상을 떠났다.

아른슈타인 무도회의 특징은 그 규모가 아니라 귀족들이 즐기는 여흥의 스타일에 있었다. 베토벤의 후원자인 라주모프스키 백작은 러시아 대사관에서 많은 공을 들였다. 그의 저녁식사에는 브루타뉴와 벨기에의 굴, 차르의 모스크바 온실에서 생산된 파인애플, 상트페테르부르크에서 가져온 체리가 포함되기도 했다. 그리고 만찬 후에는 러시아 무용가들이 흥을 돋우었다. 그러면 누구나 할 것 없이 과감하게 새로운 왈츠를 시도했다.

1814년 11월 29일, 라주모프스키는 베토벤에게 수익을 주기 위해 콘서트도 열었다. 베토벤은 〈7번 교향곡〉을 지휘했다. 그뿐만이 아니었다. 그는 애국적 열정을 가지고 오스트리아 황제에게 찬사를 보냈으며, 의회에 경의를 표하기 위해 칸타타를, 대중을 즐겁게 하기 위해 〈웰링턴의 승리〉를 작곡했다. 천둥 같은 북소리와 예포 소리로 끝나는 〈웰링턴의 승리〉는 1812년 스페인에서 프랑스 군을 격퇴한 웰링턴 경을 기념하는 곡이었다. 작곡가의 개인

관객으로 두둑한 사례금을 주었던 러시아 황제의 황후를 위한 폴로네이즈도 있었다. 자신의 가난을 극복하기 위해 빈 회의에 등장한 베토벤은 재정적으로 확고해졌으며 절정의 인기를 누렸다. 하지만 베토벤은 다른 문제를 가지고 있었다. 1816년경 그는 대화를 위해 보청기를 사용해야 했고, 2년 후 그의 친구들은 이른바 '대화책'을 이용하여 그와 의사소통할 수 있었다. 간경변 같은 다른 질환도 생겼다. 괴팍한 성격도 더 심해졌다. 그는 머리를 산발한 채 긴 코트를 걸치고 도시를 이리저리 돌아다녔다. 그리고 멜로디가 떠오르면 걸음을 멈추고 노트에 그것을 적었다. 그는 검열과 황제의 '마비된 체제'를 격렬히 비난했다. 경찰은 그를 그냥 내버려두었다. 그의 유명세 때문이기도 했고, 단지 그를 미치광이로 생각한 때문이기도 했다.

비더마이어 시대의 이상적인 생활양식을 담은 1820년대와 1830년대의 그림. 왼쪽 그림에서 어머니는 식탁을 치우고 아버지는 자녀들이 등교하기 전 함께 시간을 보내면서 화목한 하루를 열고 있다. 위쪽 그림에서 젊은 여인은 아이들이 노는 것을 지켜보고 있다. 흔들의자(왼쪽 끝)를 타고 노는 것도 아이들의 놀이 중 하나였다. 당시의 사람들은 가정과 가족이 삶의 진정한 의미를 가져다준다고 생각했다.

깊이를 잴 수 없는 고독함 속에서 베토벤은 마음속에서 메아리치는 음악에 대한 작곡을 멈추지 않았다. 인생의 막바지에 그는 내면을 성찰하는 듯한 현악 4중주뿐만 아니라, 비길 데 없이 훌륭한 〈9번 교향곡〉을 작곡했다. 그는 자신이 좋아했던 실러의 〈환희의 송가〉를 주제로 작곡함으로써 보편적인 사랑에 대한 적극적인 긍정을 노래했다. 1824년 작곡가는 다른 사람이 지휘하는 동안 악보를 넘기며 초연하는 지휘대에 서 있었다. 귀머거리였던 그는 우레와 같은 관객들의 박수소리를 들을 수 없었다.

3년 후 많은 사람들이 가장 위대한 작곡가로 생각하는 한 사내가 세상을 떠났다. 긴 장례행렬이 빈 거리를 지나갈 때 8명의 악장들이 관을 운반했다. 빈 거리에는 수천 명의 시민들이 도열하여 그의 죽음을 애도했다.

1815년 빈 회의는 독일연방을 구성했다. 그것은 대부분의 권력을 국가 정부에 넘기는 느슨한 정치적 연합이었다. 1820년대에 연방의 일원들은 외국 군대의 강탈로부터, 영토와 지배자의 혼란스런 변화로부터, 전쟁으로 인한 극심한 빈곤으로부터 평화를 찾았다. 하지만 상당한 대가를 치른 평화였다. 예를 들어, 오스트리아는 1792년 이래 여전히 프란츠 1세(요제프 2세의 조카)의 지배를 받고 있었다. 처음에는 신성로마제국의 황제 프란츠 2세에서 나중에는 오스트리아 황제 프란츠 1세가 지배자가 되었다. 그는 자신을 국민의 아버지로 간주했다. 프랑스 혁명의 격변기에 그는 '비열한 선동가들이 모든 계층의 신민들에게 끼칠 수 있는 온갖 나쁜 영향'으로부터 자기 국민들을 벗어나게 하기 위해 심혈을 기울였다.

황제가 의미하는 해악은 자유주의 또는 공화주의 사상이었다. 그는 오스트리아 공작 클레멘스 메테르니히와 악명 높은 그의 카를스바트 칙령에 의해 더욱 강화된 비밀경찰을 가지고 이런 사상을 탄압했다. 구체제를 재건하는 데 대한 위협을 제거하기 위해 1819년 연방에 의해 공표된 칙령은 총체적인 검열의 시대를 이끌었으며, 연방의 종말과 진정한 민족주의 정부의 설립을 요구하는 집단들을 법적으로 무력화시켰다. 자유주의 클럽을 비롯한 여타 집단들의 활동이 금지되었으며, 그들의 지도자는 투옥되거나 미국으로 이주했다. 배심원 없이 열리는 재판들이 비밀리에 거행되었고, 언론도 삼엄한 검열을 받았다.

사방에서 감시가 이루어졌다. 대학의 모든 강좌들이 '올바른 사상'을 위해 정부관료들의 감독을 받았다. 모든 여행자들(외국 여행자들과 새로운 독일연방의 여러 국가들을 오가는 사람들뿐만 아니라 자국 내의 다른 마을로 이동하는 사람들까지 포함)은 통행증을 소지해야 했다.

그러나 정치적 압제에도 불구하고 이 시기는 많은 독일인들, 특히 부르주아 계급의 융성기였다. 유럽의 다른 지역들과 마찬가지로 부르주아 계급이 사회에서 지도력을 행사하기 시작했다. 하지만 좀더 산업화된 국가들(대부분의 독일 땅은 여전히 농업에 치중하고 있었다)과는 대조적으로 독일의 부르주아는 자본가가 극히 드물었다(전쟁으로 인한 강탈 후 남겨진 자본이 거의 없었다). 그러나 독일의 교육수준은 검열에도 불구하고 유럽 전역에서 가장 높은 축에 속했다. 교육은 성공의 열쇠였다. 새로운 중산층의 일원은 대학교수·교사·언론인·법률가·의사 등 전문직 종사자들이었다. 평화와 조심스런 정치적 활동 덕분에 그들은 편안한 삶을 영위할 수 있었다.

중산층의 친밀함과 신중함의 특색을 지닌 이 시기는 훗날 비더마이어(Bie-dermeier)로 불려졌다. 애초에 이 명칭은 1850년대 익명의 시골 교사가 한 유머 잡지에 익살스런 시를 발표하면서 사용했던 가상의 필명이었다. 처음에는 이 명칭이 반어적으로 사용되었지만, 나중에는 편안하고 안전한 시대에 대한 향수를 나타내게 되었다. 여러 가지 면에서 비더마이어는 낭만주의의 과도한 분출에 대한 반동이었다.

당시에 찬사를 받은 저택은 궁전이 아닌 중산계급의 안락한 빌라였다. 그런 빌라에는 나폴레옹 시대의 화려한 신고전주의 양식 가구들 대신 편안한 의자와 아늑한 소파, 곡선 모양의 작은 식탁과 의자들이 갖추어져 있었다. 집안에는 식물과 꽃들로 가득했다. 당시는 야생의 낭만적인 자연이 아닌 잘 길들여진 자연을 선호하던 시기였다. 아이들의 장난감도 곳곳에 흩어져 있었다. 이것은 가정의 안전을 보여주는 증거였다. 그들이 선호하는 그림은 꽃 스케치와 사실적인 가족 초상화였다.

사람들은 문학 모임, 합창 모임과 음악 발전을 위한 모임에 참여했다. 그들은 왕실극장 대신 공공 회당에서 열리는 콘서트를 찾아갔으며, 새로 건립된 공공 박물관을 찾기도 했다. 비공식적 모임에서 사람들은 악기를 연주하고 노래를 부르며 즐거운 시간을 보냈다. 특히 작곡가 프란츠 슈베르트의 가곡이 이런 모임에 안성맞춤이었다.

그런데 정작 슈베르트 자신은 역사 소설가 카롤리네 피흘러의 '문학적 다과 모임'에 자주 참석했다. 피흘러의 모임 양식이 과거 파니 폰 아른슈타인의 사치스런 여흥을 대신하고 있었다. 귀족들 역시 새로운 시대의 영향을 받았던 것이다. 이런 다과 모임은 한 세대 이전의 자유주의적·국제적 분위기가 아니라 친 오스트리아적·황제적 분위기였다.

슈베르트는 당시의 전형적 인물이었다. 1797년부터 1828년까지 생존했던 슈베르트는 베토벤과 동시대에 음악작업을 했지만, 판이하게 다른 사교계에 속해 있었다. 그에게는 귀족이나 왕실의 후원자가 없었다. 그는 화가 모리츠 폰 슈빈트와 뒤늦게 명성을 얻은 극작가 프란츠 그릴파르처 같은 다양한 젊은 중산층 친구들을 가지고 있었다. 그들은 모두 독일 생활의 위선에 환멸을 느끼고 있었다. 그러나 그들은 행동주의자는 아니었다. 대신 문학을 논하고, 놀

이와 농담을 하며 즐거운 시간을 보내기 위해 사교 클럽에서 만남을 가졌다.

그들은 또한 '슈베르티아덴(Schubertiaden)'(슈베르트의 극히 개인적인 음악을 듣거나 그의 연주에 맞춰 춤추며 즐거운 시간을 갖기 위해 그들의 집이나 시골 여관 또는 야외 소풍에서 열린 파티-옮긴이)을 위해 자주 만남을 가졌다. 슈베르트는 1,000곡을 헤아리는 가곡과 실내음악, 빈 교회를 위한 미사곡·교향곡·오페라와 빼어난 피아노 음악을 작곡했다. 그의 작품들은 대부분 31세에 찾아온 그의 죽음(당시에는 치료할 수 없었던 매독이 사망의 원인으로 추정된다) 이후에 출판되어 세상에 알려졌다. 짧은 생애에도 불구하고 비더마이어 시대의 이 음악가(동시대에 요절한 또 다른 천재로 영국의 시인 존 키츠가 있다)는 보석처럼 아름다운 불꽃으로 타올랐다.

그렇다고 비더마이어 시대가 낭만주의자들이 소중하게 생각했던 모든 것을 배척한 것은 아니었다. 낭만주의자들로부터 과거, 특히 독일 역사에 대한

낭만적으로 그려진 이 그림에서 그림 형제가 아이들과 닭들에 둘러싸인 채 한 농부의 집에 앉아 있다. 그들은 이야기꾼인 도로테아 비어만과 면담하고 있다. 실제로 비어만은 야코프와 빌헬름의 편안한 아파트에서 커피를 마시며 그들에게 자신의 이야기를 들려주었다고 한다.

깊은 관심을 물려받았다. 통일된 독일국가의 이념에 이끌린 철학자와 역사가들은 공통의 유서 깊은 결속력을 가진 독일 민족을 보여주기 위해 역사를 탐구했다. 주로 역사법을 연구했던 프리드리히 카를 폰 자비니도 이런 학자에 속했다. 그는 민족 정체성을 밝히기 위해 독일 '민족(Volk)'의 본질을 찾아내려고 애썼다. 그의 작품은 동화의 마법을 세상에 알린 그림 형제에게 영향을 미쳤다.

"눈앞에 펼쳐진 동생의 모든 그림을 보면서
나는 가슴 뭉클한 감동을 받는다."

1800년대 초 어느 날, 도로테아 비어만이라는 가난한 재봉사의 미망인이 카젤의 한 아파트에서 옛이야기를 말하고 있었다. 쥐꼬리만한 수입으로 딸 하나와 6명의 손자들을 부양했던 비어만은 채소를 팔기 위해 그날 사방으로 돌아다니고 있던 참이었었다. 하지만 그녀 앞에 앉아 있는 사내들은 양파가 아닌 민담을 찾아 시장에 나와 있었다. 뜨거운 커피를 제공하겠다는 제안에 솔깃한 그녀는 사다리를 타고 그들의 방으로 올라가 오래 전 젊은 시절 들었던 옛이야기들을 술술 풀어놓기 시작했다. 그녀의 말에 귀를 기울이며 기록하는 두 사내는 야코프와 빌헬름 그림이었다.

여러 모로 그림 형제는 비더마이어 시대의 이상적 인물이었다. 독일의 과거에 대한 열렬한 탐구자였던 그림 형제는 자신들의 작업과 가족, 그리고 서로에게 헌신적이었다. 그들은 검소하게 생활하면서 자신들의 학문적 추구를 지속할 수 있을 정도의 돈벌이에 만족했다.

1785년과 1786년에 각각 태어난 야코프와 빌헤름은 헤세카셀 공국에서 행복한 대가족을 꾸리고 있는 부유한 법률가의 아들로 성장했다. 그러나 형제가 아직 소년이었을 때 아버지가 사망했고, 가족은 궁핍한 신세로 전락했다. 그럼에도 형제는 마르부르크 대학에서 법률을 공부할 수 있었다. 야코프는 전형적인 중산층의 자부심을 가지고 이렇게 적고 있다. "빈곤은 부지런함과 작업을 위한 자극제 역할을 할 뿐 아니라, 신분과 부를 물려받는 사람들과는 다른 장점을 가진 고귀한 긍지를 심어 준다."

하지만 자비니의 영향으로 통일된 독일에 대한 염원을 가졌던 그들은 법률 공부를 포기하고 초기 독일어와 독일 문학과 민속을 탐구하기 시작했다. 그들은 고대 독일어와 고트 어, 고대 스칸디나비아 어와 고대 영어, 그밖에 다른 언어들을 공부했다.

| 그림 형제의 이야기 |

그림 형제는 민간설화를 담은 첫 작품을 공동작업을 했지만, 후속 작품들은 이전 양식대로 빌헬름이 편집했다. 빌헬름은 새로운 판을 낼 때마다 좀더 구전의 맛을 살리고 어린아이들에게 적합하도록 이야기를 각색했다. 그는 노골적인 성적 표현들을 삭제하고, 남성과 여성의 서로 다른 역할을 강조했다.

그림 형제의 1812년판과 1857년판 〈라푼젤〉은 판이한 내용을 담고 있다. 이전 판에서 왕은 라푼젤이 갇혀 있는 탑에 오르기 위해 그녀의 엄청나게 긴 머리를 이용했다. "그리하여 그들은 한동안 행복하고 즐겁게 살았다." 라푼젤을 지키는 간수는 그녀가 "내 옷이 너무 꽉 쥔다"라고 불평할 때까지 아무런 의심을 하지 않았다. 1857년경 라푼젤은 좀더 정숙한 여인이 되었다. 왕은 라푼젤에게 서둘러 결혼을 요구했다. 그러고 나서 커플은 그녀의 침실에서 휴식을 취하는 대신 라푼젤의 탈출을 계획했다.

〈백설공주〉 이야기의 개정판은 모범적인 아내의 의무들을 모두 담고 있었다. 오리지널 판에서 난쟁이들은 백설공주가 요리를 해준다면 자신들과 함께 머물 수 있다고 말한다. 그러나 나중에 그들은 그녀에게 이렇게 말한다. "만약 당신이 우리를 위해 집을 지키고, 요리를 하고, 바느질을 하고, 침대를 정돈하고, 빨래하고, 뜨개질하고, 집안 곳곳을 말끔히 청소한다면 우리와 함께 머물 수 있을 것이오…… 저녁에 우리가 집에 돌아오면 반드시 식사도 준비되어 있어야 하오."

현대의 작가들 역시 이야기들을 개작했다. 〈신데렐라〉의 새로운 개정판은 아래 요약된 그림 형제의 이야기와 큰 차이를 보인다.

죽어가는 한 여인이 자신의 딸에게 "선량하고 두터운 신앙심을 가져야 한다"고 말하며, 하늘나라에서 그녀를 돌볼 것이라고 약속했다. 소녀는 어머니의 말

병에 걸린 백설공주가 유리관에 누워 있고, 일곱 난쟁이 중 하나가 그곳을 지키고 있다.
그림 형제는 이웃집의 보모였던 마리 뮐러로부터 백설공주 이야기를 들었다.

에 복종했지만 아버지가 재혼하면서 그녀의 삶은 암울해졌다. 계모와 이복자매들은 그녀를 하인처럼 다루었고, 난로의 타고 남은 잿더미 옆에 그녀를 잠재웠으며, '신데렐라'라고 부르며 그녀를 조롱했다.

소녀는 어머니의 무덤에 개암나무 가지를 심고 매일같이 눈물로 가지에 물을 주었다. 가지가 자라나 큰 나무가 되자 흰 새가 날아와 그곳에 보금자리를 틀었다.

어느 날 왕이 자신의 아들이 신부를 선택하는 기간에 사흘 동안 축제를 선포했다. 신데렐라는 축제에 데려가달

신데렐라가 흰 새가 가져다준 가운을 잡고 있다(오른쪽). 왼쪽 끝에 왕자가 신데렐라를 뒤쫓고 있다. 아래에는 두 이복자매들이 황금 슬리퍼를 억지로 신기 위해 애쓰고 있다.

라고 간청했다. "먼지와 오물을 뒤집어쓰고 가겠다고?" 계모가 비아냥거리며 말했다. 신데렐라는 허겁지겁 나무 아래로 달려가 큰 소리로 황금을 달라고 빌었다. 그러자 기적과 같이 흰 새가 황금빛과 은빛 드레스를 내려놓았다.

신데렐라를 본 왕자는 "오직 신데렐라하고만 춤을 추겠다"고 맹세했다. 하지만 밤이 되었을 때 그녀는 왕자 몰래 달아나야 했다. 그녀는 두 차례 더 축제에 찾아왔지만 그때마다 사라졌다. 그러나 마지막 날 그녀는 황금 슬리퍼를 흘렸다.

왕자는 잃어버린 사랑을 수소문했다. 이복자매 중 언니는 자신이 왕자의 사랑임을 입증하기 위해 작은 슬리퍼에 억지로 발을 넣으려고 발가락을 잘라냈다. 하지만 새 두 마리가 왕자에게 경고했다. "신발 안에 핏자국이 있으면…… 그녀는 왕자님의 진정한 신부가 아닙니다." 이복자매 동생은 슬리퍼에 맞추려고 발뒤꿈치를 잘라냈다. 새들이 또다시 왕자에게 경고했다.

마침내 왕자는 신데렐라를 찾아냈다. 왕궁에서 결혼식이 벌어질 때 새들은 사악한 이복자매들을 벌주기 위해 그들의 눈을 쪼았다.

이것은 결코 쉽지 않은 일이었다. 야코프와 빌헬름은 세 명의 어린 형제들과 한 명의 여동생을 부양해야 했다. 그들은 처음에는 헤세에서, 나중에는 보나파르트의 새로운 베스트팔렌 왕국에서 사서로 일하면서 동생들을 부양했다. 1815년 이후에는 헤센카셀에서 일하다가 나중에 하노버 왕국의 괴팅겐 대학과 베를린 대학에서 연이어 근무했다.

그림 형제는 떼려야 뗄 수 없는 사이로, 빌헬름이 결혼했을 때조차 야코프는 가족의 일원으로 남아 있었다. 그들의 조용한 공동작업은 기념비적 결과를 낳았다. 야코프의 기록에 따르면, 그들은 '언어의 심오한 정신을 겸손하게 따르고' 싶어했다. 그 결과 1819년에 그는 〈독일어 문법〉을 출간했다. 4권 분량에 4,000페이지에 달하는 이 책은 1년 만에 다 팔렸다. 이 책에서는 4세기 고트 어로부터 19세기 초에 이르기까지 모든 독일어의 발전과정을 기록했으며, 인도유럽 어족에서 그리스 어 및 라틴 어와 어떤 관련성이 있는지도 기록했다. 그리고 빌헬름과 함께 야코프는 방대한 〈독일어 사전〉 편찬을 시작했다. 훗날 이 사전은 모든 사전의 표준이 되었다.

하지만 형제의 가장 유명한 작업은 1806년 이전에 시작되었다. 언어에 대한 연구, 그리고 황금시대의 유물 같은 민요·신화·전설의 낭만적인 측면에 영향을 받은 그림 형제는 지방의 민담을 수집하기 시작했다. 그들은 민담이 모든 독일인들의 소유물이라고 생각했다. 그 출처는 책과 사람들이었는데, 주로 보모로부터 옛이야기를 들었던 친구와 친지들이었다. 특히 그림 형제의 이웃이었던 빌트 가족이 이야기의 주요한 수원지였다. 약사였던 루돌프 빌트는 몇 명의 딸(미래의 빌헬름의 아내도 그중 하나였다)을 두고 있었는데, 어린 시절 그의 딸들은 늙은 보모로부터 많은 옛이야기를 들었다.

또 다른 귀중한 자료 제공자는 요한 프리드리히 크라우제라는 늙은 군인이었다. 그는 그림 형제의 낡은 바지와 자신의 이야기를 맞바꾸었다. 그리고 도로테아 비어만이 있었다. 빌헬름의 기록에 따르면 "그녀는 강인하고 붙임

성 있는 용모를 하고 있었으며, 눈빛은 맑고 선명했다. 그녀는 옛이야기들을 생생하게 가슴에 간직하고 있었다. 그녀의 말마따나 다른 사람들은 도저히 따라올 수 없는 그녀의 천부적 재능이었다."

1812년에 86개의 이야기와 학구적 주석이 담긴 〈어린이와 가정을 위한 옛날이야기〉 초판이 출간되었다. 판매는 더디게 진행되었지만 책이 인기를 얻으면서 상황은 바뀌었다. 그리고 그후 몇십 년 동안 그림 형제는 추가된 이야기들을 출간했고, 후속판에서 이야기를 다듬고 주석을 삭제하고 보다 많은 분량으로 대중의 관심을 모으기 위해 더 작은 판형으로 책을 출간했다.

하지만 그들에게 명예박사와 학계의 회원자격과 교수직을 안겨준 것은 언어학 분야에서의 작업이었다. 그러나 이런 명예에도 불구하고 그들은 카셀의 사서직에 만족하며 연구와 집필을 계속했다. 1825년에 빌헬름은 이렇게 적었다. "나의 유일한 바람은 예전처럼 소박하고 자연스런 환경에서 살 수 있는 것이다."

그림 형제의 시작은 비록 초라했음에도 불구하고 그 성과는 훌륭했다. 하지만 세월이 흘러가면서 전체 독일인, 특히 땅에 의지해 사는 사람들의 생활이 점점 힘들어졌다. 19세기에 프로이센을 비롯한 다른 국가들에서는 봉건체제가 해체되었다. 과거의 농노들 중 몇몇은 소규모 농장을 떠맡을 수 있었지만, 대다수는 토지 없는 거대한 노동자 집단으로 전락했다. 1820년부터 1860년 사이 약 200만 명이 농토를 떠나 미국으로 이주하거나 작은 도시와 마을을 떠돌아다녔다. 그러나 이런 도시와 마을에는 그들을 위한 공간이 없었다. 가난한 사람들은 축축한 지하실이나 400개의 방에 2,500명이 거주했던 베를린의 포이그틀란트 지구 같은 누추한 곳에서 생활했다.

어려운 경제적 상황이 비단 농부와 노동자들뿐만 아니라 거의 모든 사람들에게 영향을 주기 시작했다. 중산층 시민의 고용인들과 소매상인들은 간신히

수지를 맞출 수 있었다. 그리고 1840년대에 최악의 상황이 발생했다. 곡물과 감자 농사의 흉작으로 기근과 엄청난 시련이 닥쳤던 것이다. 그런데 사람들을 고통스럽게 한 것은 빈곤이나 빈곤으로의 전락에 대한 두려움만이 아니었다. 모든 계층에서 정부의 끊임없는 검열과 정부관료의 횡포, 반체제 인사들에 대한 구금이 횡행했던 것이다.

경찰국가의 책략에 대한 소리 없는 분노가 점증하기 시작했다. 사람들은 지방 봉기와 항의를 통해 정부 시스템을 변화시키려는 바람을 가지고 저항했다. 심지어 학구적인 그림 형제도 나름의 방식으로 저항했다. 1837년에 하노버의 새로운 왕이 헌법을 폐지하는 것에 항거했다는 이유로 그림 형제와 그들의 다섯 동료들이 괴팅겐 대학에서 쫓겨났다. 결국 그들은 프리드리히 빌헬름 4세의 초청으로 베를린에 거처를 잡게 되었다. 빌헬름 4세는 자유주의에 공감하는 인문학 지지자였다.

당시 지배층 사이의 전반적 분위기는 절망적인 숙명론으로 복잡한 양상을 띠고 있었다. 혁명은 불가피한 것처럼 느껴졌다. "나는 옛 의사라네. 일시적인 병과 치명적인 병을 분간할 수 있지. 지금 우리는 치명적인 병에 직면해 있네." 1847년에 간교한 오스트리아 전제군주 클레멘스 메테르니히가 친구에게 한 말이다.

어쩌면 1848년의 항복을 불가피하게 만든 것이 이런 숙명론이었는지도 모른다. 파리에서 폭동이 벌어지고 수주 후 아직 농노제가 폐지되지 않은 독일 국가들(나소·바덴·뷔르템베르크)에서 농민폭동이 발생했다. 그들은 성에 횃불을 던지고 토지 기록을 파손했다. 거대한 군중들이 바덴의 수도 카를스루에의 궁전을 에워싸고 헌법과 자유언론을 요구했다.

봄이 되자 헝가리·오스트리아 지배의 이탈리아 국가들과 보헤미아의 오스트리아 위성국들과 동부 전역에서 빈의 통치에 항거하는 폭동이 발생했다. 빈에서도 폭동에 참여한 학생들과 노동자들이 군 점거 종결, 시민군 창립,

검열 폐지, 헌법 제정 등을 요구하면서 거리를 점유했다.

3월 18일 베를린에서 군대와 학생·장인·교사·주택 소유자들 간에 대규모 충돌이 발생했다. 시민들은 바리케이드를 설치했고, 군은 그것을 철거했다. 빌헬름 그림의 기록에 따르면, 소름끼치는 밤이었다. 그의 학생들이 포화를 뚫고 안전하게 그를 집까지 호위했다. "무려 14시간 동안 2, 3천 명의 사람들이 거리에서 경찰과 격렬한 전투를 벌였다. 빗발치는 소총 소리와 대포와 포탄의 굉음은 무시무시했다." 19세기 초반 대부분의 도시들은 군대의 압제에 시달리고 있었다.

그 무렵 프리드리히 빌헬름은 바리케이드를 제거하면 곧바로 군대를 철수시키겠다고 약속하는 포고령을 공표했다. 도시는 잠잠해졌고 평화유지를 위한 시민군이 소집되었다. 프리드리히 빌헬름은 또 다른 대중적 제스처를 취했다. 독일 나머지 지역의 통합을 논의하기 위해 프로이센 의회가 소집될 것이며, 각국의 공작과 장군들이 프로이센이 아닌 독일연방을 상징하는 흑색·적색·황색 복장으로 수도에서 행진하게 될 것이라고 선포했다.

왕의 이런 행동의 이면에는 분명 통일독일의 선두에 서려는 생각이 깔려 있었다. 그가 이를 염두에 두고 있었다는 것은 하등 놀라운 일이 아니다. 여러 독일 국가들이 농노제를 폐지하고, 자유주의적 재상들을 임명하고, 다양한 개인의 자유를 부여하고 있었음에도 불구하고, 독일연방을 구성하는 국가와 공국들의 통합 문제가 전면으로 부상하고 있었기 때문이다. 3월 말 다양한 국가들의 과거와 현재 입법기관을 대신하는 500~600명의 자유주의·민주주의·공화주의 대표자들로 구성된 '예비의회'가 프랑크푸르트로 모여들기 시작했다. 모임에 참석한 대표자 중에는 언론에서 '철두철미한 독일인'으로 묘사된 야코프 그림도 포함되어 있었다. 아무도 괴팅겐에서의 그의 과거를 잊지 않고 있었다. 한 편집자는 이렇게 논평했다. "야코프와 빌헬름은 둘

바이에른 축제 의상 차림의 커플이 교회 봉헌 춤을 추고 있다. 이런 춤이 다시 유행한 것은 과거의 전통을 포용함으로써 독일 국가들을 통일시키려는 국민운동의 일부였다. 1848년 혁명 이후 독일 민족주의는 탄력을 얻었다.

다 고귀한 원칙을 위해 자신의 생계수단을 포기했다. 그림 형제는 모든 독일인의 존경을 받아 마땅하다."

야코프는 스스로 이렇게 주장했다. "나는 강력한 왕의 통치를 받는 통일된 자유로운 모국을 지지하지만, 모든 공화주의적 동경에는 반대한다." 의회에 참석한 대표자들은 그의 연설이 다소 장황하게 여겨졌음에도 불구하고 예의와 존경심을 가지고 그의 말을 경청했다. 정치적 입지와 다변 모두에서 그는 의회를 가장 대표하는 사람처럼 보였다. 대다수는 군주제의 연합국 창설을 원하는 자유주의자들이었다(그들은 공화국을 원하는 소수의 급진주의자와 사회주의자들에 반대했다). 그들은 이 문제를 놓고 여름과 가을 내내 오랜 시간 논의를 거듭했다.

대다수의 대표자들이 사회주의자의 선동을 두려워했다. 사실 독일의 중산층도 대부분 같은 심정이었다. "여기서 우리는 모든 자연적 차이를 없애고자 하는 조야한 물질주의적 · 공산주의적 평등을 다루는 것이 아니라, 오직 시민의 평등만을 다루고 있습니다." 의회에 참석한 한 의원의 말이다.

마침내 의회는 독일의 국가들을 통합하는 독일헌법을 제안했다. 오스트리아와 많은 비(非)독일계 국민들의 문제에 대해서는 독일어권과 비독일어권의 분리를 제안했다. 그 무렵 제국에 대항하는 반란들을 대부분 진압하고 새로운 실용적 입법부를 가지고 활발한 움직임을 보이고 있었던 오스트리아는 한 치의 양보도 하지 않았다. 그러자 의회는 프로이센의 영도 아래 통일된 독일을 구상하기 시작했다.

하지만 프로이센의 상황은 급박한 움직임을 보이고 있었다. 10월에 열렬한 왕당주의 군사들의 지지를 등에 업은 프리드리히 빌헬름이 왕위가 위험해졌다고 선포하며 혁명의회를 해산시켰다. 그러고 나서 그는 자신이 절대적인 거부권을 행사할 수 있는 조건이 담긴 제한적인 프로이센 헌법을 승인했다. 프랑크푸르트 의회가 그에게 통일독일의 왕위를 제안했지만 그는 거절했다.

의회에서 제의하는 지위를 거부하면서 그는 그것을 '도랑에서 건진 왕위'라고 부르며, '주권자인 독일 국민이 내 목에 단단히 동여매는 개목걸이'라는 말을 덧붙였다.

프로이센에서 혁명의 실패는 범독일의회 구성(결국 의회는 아무런 실권도 갖지 못하게 되었다)에 어두운 그림자를 드리웠다. 의회의 내부 분열과 독일 중산층에 미치게 될 영향에 대한 두려움 같은 다양한 요소들로 인해 정치에서 급진적인 측면들도 빛을 잃기 시작했다. 실제로 몇몇 소국들은 자신의 헌법을 보존했지만 대부분의 다른 국가들은 정치적 개혁을 폐기했다. 구 독일연방이 오스트리아의 통솔 아래 원상 복구되었다. 혁명의 실패에 낙담한 야코프 그림은 언어와 역사에 관한 그림 형제의 작업을 계속하기 위해 단기간의 정치적 활동에서 물러났다.

1858년 그림 형제 동화의 새로운 판본이 출간되었다. 그리고 이듬해 빌헬름이 사망했다. 야코프는 4년을 더 오래 살았으나 형제의 죽음으로부터 결코 회복될 수 없었다.

그림 형제는 독일의 언어와 민담의 공통점을 통해 고대 독일문화를 조명함으로써 독일 정체성에 대한 새로운 인식을 구축했다. 하지만 1848년 혁명 실패와 그림 형제의 죽음은 위대한 열정과 창조성의 시대의 종결과 맥을 같이 하는 것이었다. 빌헬름의 죽음 이후 야코프는 동생에 대한 인상적인 표현을 남겼다. 그는 빌헬름의 작품을 읽으며 이렇게 말했다. "눈앞에 펼쳐진 동생의 모든 그림을 보면서 나는 가슴 뭉클한 감동을 받는다. 동생의 독특한 삶의 행로가 느껴지기 때문이다." 이는 비단 야코프뿐만이 아니라 19세기 초반 독일에서 융성했던 다른 모든 창조적 영혼들을 위한 말이기도 했다.

ESSAY _ 2 | 낭만주의 회화

1803년 프리드리히 폰 슐레겔은, 회화가 '영혼과 표현과 개성의 불가해한 결합'을 포착해야 한다고 적었다. 18세기 후반과 19세기 초반의 유럽 화가들은 놀랍도록 다양한 방식으로 이런 결합을 획득하기 위해 애썼다. 그들은 고전적 형식주의의 억압적인 기준에 도전하는 태도보다는 완곡한 양식의 낭만주의를 구현하려고 했다. 계몽운동은 이성을 가지고 자연을 길들이려는 시도를 했지만, 이제 낭만주의 화가들은 고독한 묵상을 통해 자연의 영혼을 통찰하기 시작했다. 독일 화가 카스파르 다비드 프리드리히는 "주저 없이 너의 내면의 소리를 따르라"고 선언했다. 그의 〈안개 위의 방랑자〉(위)는 새로운 시대의 개인주의적이고 무질서한 정신을 형상화한 것이다.

| 새로운 시각

예술 장르의 전통적인 서열에서 풍경화는 상징이나 사건들을 품위 있게 함으로써 관찰자를 교화시키는 역사화보다 낮은 위치에 있었다. 하지만 젊은 예술가들은 자연과 개인 간의 교감의 개념을 위해 싸우며 풍경에 새로운 관심을 보였으며, 그것을 두드러진 낭만주의의 주제로 설정했다. 그들은 모방을 조롱했다. '가발과 기수 모자를 쓴 영국 신사들'이 이탈리아 시골을 말을 타고 돌아다닌다며 영국의 화가 존 컨스터블은 코웃음을 쳤다. 참신하고 독창적인 장면을 찾아 낭만주의 풍경화가들은 모방화를 중단하고 자연 그 자체에 대한 연구로 시선을 돌렸다.

그들은 순간적인 장면을 포착하는 데에 탁월했다. 컨스터블이 묘사한 그의 고향 서펵의 친숙한 장면들은 그 지역의 하늘과 구름과 태양의 상호작용을 면밀히 관찰한 후에 나온 것이었다. 그는 15~18세기 유럽 대화가들의 풍경화에서 사용했던 갈색 톤을 거부하고, 사각거리는 나뭇잎과 물결치는 수면의 반사를 표현하기 위해 캔버스에 반짝이는 자연의 백색을 집어넣었다. 그러면서 그는 자연의 동적인 효과를 표현했다.

컨스터블과 동시대인인 영국인 화가 조지프 맬로드 윌리엄 터너는 동일한 전제(자연에 대한 면밀한 연구)에서 출발하여 전혀 다른 풍경화를 낳았다. 컨스터블은 '옅은 색조의 안개로 채색된 공허한 장면'이라며 터너의 그림에 불만을 나타냈다. 터너의 그림들은 색과 빛에 있어 지나치게 주관적이고 감정적이었기 때문에 실제 장면은 거의 찾아보기 힘들었다. 아마도 후세인들은 컨스터블의 주장에 동의하지 않았을 것이다. 풍경의 광대함과 대기의 순간적인 효과를 전달하는 터너의 탁월한 능력이 그를 불세출의 위대한 풍경화가로 자리매김했기 때문이다.

컨스터블은 하늘이 '감각의 주요 기조이자 핵심 수단'이라고 말했다. 하늘의 변화무쌍한 특징을 표현한 그의 천재성은 전형적인 낭만주의 작품인 〈데덤 수문과 제분소〉(1820)에 잘 나타나 있다(왼쪽).

존 컨스터블이 자연주의자였다면 윌리엄 터너는 몽상가로서 가장 뛰어난 묘사를 보여주는 풍경화가였다. 〈노럼 성과 일출〉(1835~40경)에서 터너의 주제는 빛과 분위기에 의해 흐릿하게 나타나 있다(오른쪽).

| 이국의 유혹

낭만주의자들은 과거와 현재의 이국적인 사람과 장소와 문화에 지대한 관심을 보였다. 고대문명과 외국인들은 원초적이며, 따라서 인습적인 사회의 교활한 책략에 갇혀 있는 동시대 유럽 인들보다 자연세계와 더 조화를 이루는 것으로 여겨졌다. 아래에 실린 컨스터블의 작품처럼 화가들은 스톤헨지 같은 고대의 유물들을 찾아나섰다. 프랑스의 외젠 들라크루아 같은 몇몇 화가들은 이국에서의 인상을 수집하기 위해 먼 곳까지 찾아갔다. 화가의 개별적인 천재성을 찬양하는 사조에서 볼 수 있듯이, 이국적인 정서에 대한 이런 탐색을 묘사한 작품들은 양식과 주제에서 다양하게 나타났다. 하지만 그들은 모두 감각적 · 정서적 또는 신비적 측면에서 낭만주의적 기치를 들고 나섰다.

1832년 들라크루아는 북아프리카의 '원시성'에 전율을 느꼈다. "나는 바로 눈앞에서 그리스 인과 로마 인들을 보았다." 그는 탕헤르(모로코의 지브롤터 해협에 면한 항구 도시-옮긴이)에서 가슴 벅찬 기쁨을 느꼈다. "이제 나는 그들이 실제로 어떻게 생겼는지 알게 되었다." 아프리카에서의 그의 기억과 스케치는 그후 30년 동안 그의 상상력에 불을 지폈다. 그는 감각적인 색과 빛의 사용을 고양함으로써 궁극적으로 인상주의 운동의 형성에 일조했다.

들라크루아는 북아프리카의 하렘에 출입한 적이 있었다. 후일 그는 〈알제리 여인들〉(1834)에서 그 장면을 되살려냈다(오른쪽). 이 작품의 나른한 관능미(졸린 듯한 눈, 화려한 색상의 옷감, 빛과 그림자의 대비)에 인상파 화가 르누아르는 향료냄새를 맡을 수 있다고 장담했다.

〈스톤헨지〉(1836)(왼쪽)에서 거대한 입석과 구름과 무지개의 미묘한 전경이, 이른바 컨스터블이 말하는 '자연의 빛, 영혼에 대한 호소가 필요한 곳에서 가치 있는 모든 것의 어머니'에 의해 결합되고 있다. 낭만주의자들은 황폐한 유적들을 인간 노력의 위대함과 무상함을 보여주는 증거로 간주했다.

낭만주의 시대에 가장
악명 높고 널리 도용된
작품 중 하나인
존 헨리 푸젤리의
〈악몽〉(1791)이다.
잠자는 여인의 에로틱하고
대리석처럼 희디흰 자태는
불룩 튀어나온 눈과
유령 같은 갈기를 가진
섬뜩한 종마의 모습과
대조를 이루고 있다.
종마는 커튼 사이로
불쑥 머리를 내밀고 있다.

절정에 대한 상상

널리 인정된 '고급 취향'의 구속에 반발했던 낭만주의 화가들은 숭고한 의식을 진심으로 받아들였다. 에드먼드 버크는 절정이란 "마음이 느낄 수 있는 가장 강렬한 감정(공포·고통·쾌락과 다른 무엇보다도 미지에 대한 외경심)을 불러일으키는 무언가이다"라고 적었다. 이런 감정으로 가득한 두 가지 주제가 야심적인 화가들에게 강하게 와 닿았다. 꿈과 환상이 그것이었다.

스위스에서 태어나 런던에서 활동했던 존 헨리 푸젤리는 이런 분야의 낭만주의 미술에 심대한 영향을 미쳤다. 그의 회화들은 영혼의 깊숙한 곳을 떠올리게 하며, '억압된 상상에 출몰하는 흐릿하고 실체 없는 혼령'을 '가시화'하는 비정상적인 에로티즘과 정신분열증을 탐구했다. 푸젤리는 동시대인들에게 '악마를 위한 주요한 악령의 화가'로 알려졌으며, 자신의 예술에 사용하기 위해 좀더 생생한 꿈을 꾸고자 잠자리에 들기 전 돼지

고기를 날것으로 먹는다는 풍문이 나돌기도 했다.

푸젤리는 영국의 시인 겸 화가 윌리엄 블레이크와 절친한 사이였다. 블레이크는 영국 왕립 아카데미의 가르침을 철저히 반대하는 몽상가적인 은둔자였다. 블레이크는 성경과 다른 문학작품들에 나오는 장면들뿐만 아니라, 자신의 신비주의적 시에도 판화와 수채물감으로 삽화를 그려넣었다. 어린 시절부터 밤에 찾아오는 천사의 환영에 사로잡혔던 그는 미리 준비된 펜과 종이를 가지고 방문객을 기다리는 습성이 몸에 배어 있었다. 그리고 환영이 나타나자마자 그는 흥분상태에서 그것을 정신없이 기록했다. 예전에 그가 정신병원에 갇힌 적이 있다는 소문이 나돌았지만, 그런 소문에도 불구하고 그의 명성은 위축되지 않았다. 천재성이 광기와 거의 같다고 생각했던 낭만주의자들은 예술적 기인들에 대해 깊은 존경심을 가지고 있었다.

윌리엄 블레이크는 고전주의 미술과 문학으로부터 심대한 영향을 받았음에도 불구하고 자신의 열정적이고 몽상적인 스타일로 단테의 〈지옥편〉 삽화를 그렸다. 〈음탕한 자들의 선회〉 (1824-27)는 회오리바람이 정욕으로 자신의 삶을 포기한 연인들을 휩쓸어가는 광경을 지켜보는 단테를 묘사한 작품이다.

자연의 힘

낭만주의자들을 절정으로 이끄는 것으로 공포와 외경을 불러일으키는 장엄한 자연(눈사태, 깎아지른 절벽, 천둥소리를 내며 떨어지는 폭포, 하늘 높이 솟은 산봉우리, 거세게 요동치는 바다)보다 더 명백한 것도 없었다. 시인 윌리엄 워즈워스는 자연의 원대한 전망과 격렬한 예측불가능성은 관찰자를 '숨죽이게 만드는 엄청난 위력'을 가지고 있다고 적었다. 일반적인 낭만주의의 개념에 따르면, 인류는 결코 자연의 힘의 적수가 아니었다.

이것은 윌리엄 터너 미술의 지속적인 주제 중 하나였다. 자연의 숭고한 힘이 지니고 있는 거칠고 야만적인 측면에 대한 그의 예리한 감각은 단순히 본능적인 것이 아니었다. 바다의 눈폭풍을 묘사한 그림(오른쪽)은 과도한 집착을 보인 개인적 경험의 결과였다. 터너는 마침 폭풍이 휘몰아치고 있을 때 영국 잉글랜드 하위치 근해에서 증기선 에어리얼 호에 탑승해 있었다. 선원들을 설득하여 상갑판으로 나온 그는 눈보라와 바닷물을 그대로 맞으며 4시간 동안 그곳에 남아 있었다. 이런 경험에서 나온 그의 그림을 이해하지 못 한 몇몇 비평가들은 '비눗물과 회반죽의 덩어리'라고 불렀다. 그러자 터너는 벌컥 화를 냈다. "그들은 정녕 바다가 어떻게 생겼는지도 모른단 말인가?"

아래의 카스파르 다비드 프리드리히의 작품은 근본적인 차이(세심하게 표현하는 양식으로 그려졌다는 점에서)를 보이지만, 그럼에도 불구하고 유사한 측면을 가지고 있다. 전경에 사진처럼 정밀하게 묘사된 거대한 깨진 빙판과 원경에 작게 묘사된 침몰하는 배는 자연의 야만적인 힘 앞에서의 인간의 무력함을 나타내는 낭만주의적 표현이다.

프리드리히의 〈얼음의 바다〉(1824)(왼쪽)는 1819~20년 윌리엄 패리의 북극 원정 에피소드에서 영감을 얻었다. 생생한 사실주의를 추구했던 화가(그는 엘베 강에서 부빙을 연구했다)는 서서히 접근하지만 배 근처에서는 격렬해지는 거대한 얼음판을 묘사하고 있다.

바다의 가공할 힘이 느껴지는 터너의 〈눈폭풍, 항구의 입구를 나서는 증기선〉(1842)(오른쪽). 인간의 존재를 암시하는 것은 중앙에 보이는 배의 가느다란 돛대뿐이다. 배는 격렬함에 압도당하고 있다.

3 :: 시인의 영혼

1797년 여름, 영국 잉글랜드 서부 주 서머싯에서는 풍문이 나돌고 있었다. 몇몇 기묘한 사람들이 홀포드 마을에 위치한 알폭스든 하우스로 이사를 왔다. 넓은 9개의 침실을 갖춘 맨션이었다. 긴장하여 몹시 흥분해 보이는 25세가량의 여자는 집시처럼 검은 피부에 격정적으로 번뜩이는 갈색 눈을 가지고 있었다. 그녀는 날씨와 상관없이 홀로, 혹은 자신의 오빠나 자주 그녀의 집을 방문하는 사내와 함께 주변을 돌아다녔다. 그녀는 풀밭이나 관목에 누워 있곤 했다. 그 계급에 속하는 여성에게는 어울리지 않는 행동이었다. 그녀의 오빠는 단지 한두 살쯤 연상이었음에도 준엄하고 근심어린 표정으로 훨씬 늙어 보였다. 그는 이런 시골 마을에서도 유행이 지난 딱딱한 면 재킷과 줄무늬 판탈롱 바지 차림으로 터벅터벅 걸어다녔다.

그들과 그들의 방문객은 밤낮으로 콴턱 구릉지대를 거닐며 대부분의 시간을 보냈다. 그들은 이것저것 기록을 하며 개울과 강이 흘러가는 방향에 관해 수상쩍은 질문을 했다. 심지어 한 사람은 작은 망원경까지 가지고 있었다. 지역 주민들은 이 새로운 입주자들을 프랑스의 첩자로 단정지었다.

이들의 의심스런 행동에 관한 소문이 정부관료들의 귀에도 들어갔다. 그러

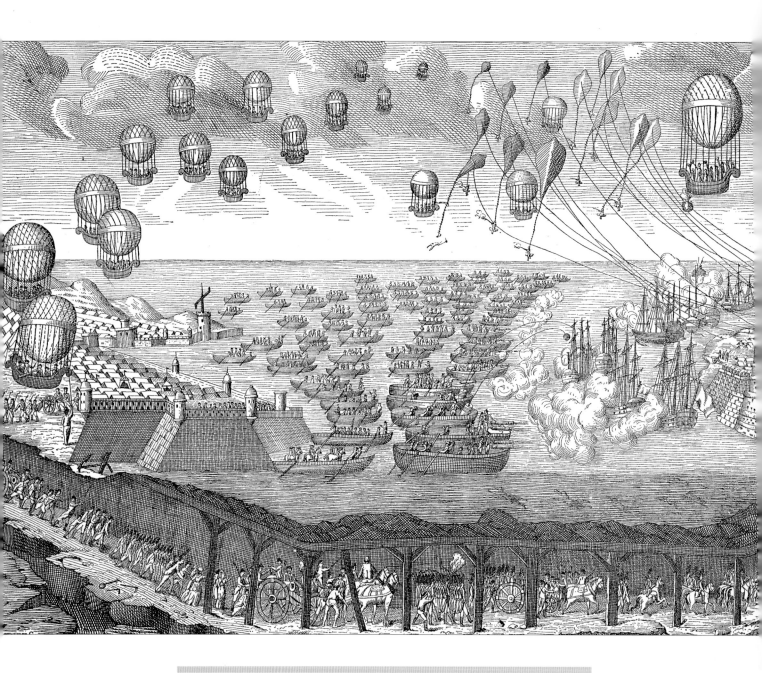

1803년부터 공상적인 프랑스 판화에서는, 나폴레옹 군이 기구와 함선과 터널을 이용해 영국을 침략하고 있다. 실제로 워즈워스는 침략 위험을 의식해 자원하여 의용군에 합류했으며, 일련의 애국적인 시를 지었다. 1805년 호레이쇼 넬슨 해군 사령관이 트라팔가르에서 프랑스를 격퇴한 것이 영국인들의 공포심을 잠재웠다.

자 즉각 수사관 제임스 월시를 파견했다. 영국과 프랑스는 4년 동안 전쟁을 치르고 있는 중이었다. 6개월 전 1,200명의 프랑스 군이 프리스톨 해협에 인접한 웨일스에 상륙했다. 침략은 이틀 만에 수포로 돌아갔지만 영국인들을 공포의 도가니로 몰아넣었다. 그들은 프랑스의 재침을 두려워하고 있었다.

남의 눈을 피해 은밀하게 감시한 후 월시는 문제의 사람들을 '정부에 불만을 품은 영국인들의 짓궂은 장난'으로 보고했다. 사실 이 패거리는 시인 윌리엄 워즈워스와 그의 여동생 도로시, 그리고 그들의 친구 시인 새뮤얼 테일러 콜리지였다. 콜리지는 근처인 네더스토위에 거주하고 있었다.

결국 월시는 세 사람에 대한 구체적인 범죄행각을 발견할 수 없었다. 하지만 9월에 알폭스든 하우스의 집주인이 이듬해 7월 만기가 되는 임대계약을 연장하지 않을 거라고 말했다. 목가적인 생활을 하던 워즈워스와 콜리지는 남은 몇 달 동안이라도 이런 사실에 영향을 받지 않으려 했다. 실제로 그들은 알폭스든 하우스에서 지낸 날들을 '아누스 미라빌리스(anuus mirabilis, 경이의 시간-옮긴이)'라고 부를 정도로 만족하고 있었다. 이런 경이로움 속에서 영국의 낭만주의 시가 탄생했다.

영국 정부와 시인의 가벼운 마찰은 영국 낭만주의와 프랑스 혁명 간의 밀접한 관련성(실질적·인지적 관련성)을 시사하는 것이었다. 초창기에 유럽의 작가와 화가들에게 혁명이 미친 영향은 부인할 수 없었다. 1798년 이후 들뜬 시기에 워즈워스와 콜리지 같은 영국 작가들은 좀더 정당하고 개방된 사회에 대한 약속에 흥분할 수밖에 없었다. 자유의 개념과 이상은 윌리엄 고드윈(〈정치적 정의에 관한 고찰〉)·토머스 페인(〈인간의 권리〉)·메리 울스턴크래프트(〈여성의 권리옹호〉)에서 시작하여 워즈워스와 콜리지, 그리고 다음 세대의 낭만주의 작가인 퍼시 비시 셸리와 조지 고든 바이런에게까지 영향을 미쳤다.

하지만 자코뱅 당이 정치적·사회적 변화의 수단으로 단두대를 애용하자 프랑스 혁명을 지지했던 영국 작가들은 미몽에서 깨어났다. 그리고 1793년 영국과 프랑스 간에 전쟁이 발발하자 정부는 근본적으로 반체제적인 견해를 가진 자들을 검열하고 체포하고 추방하기 시작했다. 그 때문에 대담한 주장을 하던 많은 작가들이 움츠러들었다.

비록 정치적 활동은 그만두었지만 영국의 낭만주의자들은 자신의 작품에서 개인주의에 대한 옹호를 멈추지 않았다. 낭만주의자들에게 사회적·개인적·예술적 자유는 감정과 본능의 편에 서서 객관성과 합리성을 거부하는 것을 의미했다. 또한 상상력과 열정에 자유를 부여하며 좀더 공정한 세상을 이끄는 자연과의 일체를 의미했다. 자신의 신념에 따라 글을 쓰고 생활하기로 결심한 바이런과 셸리는 반항자, 즉 인습적인 규범에 의식적으로 도전하는 아웃사이더가 되었다. 두 사람은 모두 낭만주의 영웅의 개념을 구현했으며, 요절함으로써 낭만주의 신화에서 자신의 자리를 획득했다.

워즈워스의 낭만주의 여정은 '아누스 미라빌리스' 시절보다 앞선 7년 전에 시작되었다. 당시 그는 케임브리지 대학의 학생이었다. 혁명의 소식이 세상을 뒤흔들었던 1790년 여름에 그는 대학 학비를 위해 간직해두었던 돈을 빼내어 친구인 로버트 존스와 함께 유럽 대륙으로 90일 동안 도보여행에 나섰다. 프랑스에서 바스티유 함락 1주년인 7월 14일에 젊은 외국인들은 기쁨으로 열광하는 사람들에 둘러싸여 있었다. 그후 2주 동안 그들은 프랑스를 지나 알프스와 이탈리아로 향했다. 워즈워스와 존스는 모든 마을에서 흥겨워하며 축하하는 주민들을 목격했다. 리옹으로 가는 배에 올라탄 그들은 자신들이 축제의 구경꾼이 아니라 환영받는 손님이 되었음을 실감했다. 후일 시인은 다음과 같이 묘사했다.

저녁 식사를 마치고,

가득한 술잔과 함께 흥에 겨운 우리는

신호에 따라 일어나 둥글게 둘러선다.

그리고 손에 손을 잡고 식탁을 돌고 또 돈다.

모두 마음을 활짝 열고, 떠들썩하게 고함을 지른다.

우애와 기쁨의······

워즈워스는 프랑스에 오기 전 이미 공화주의 운동에 공감하고 있었지만, 여행 후 공화주의에 대해 더욱 친밀한 유대감을 가지고 모국으로 돌아왔다. 부분적으로 그것은 이국인들에게 환대받은 20세 청년의 유쾌한 감정 때문이었다.

영국에 돌아온 워즈워스는 대학의 최종시험을 마친 후 이듬해에는 친구와 가족을 방문하며 대부분의 시간을 보냈다. 이때 〈풍경소묘〉(3년 후 1793년에 출간된 시집)의 밑그림이 되는 다수의 시를 스케치했다. 이 시들에서 그는 반복적으로 다시 돌아오게 되는 주제를 소리내기 시작했다. 자연에서 정신적 존재와의 교감, 가난하고 억압받는 자들에 대한 관심, 정치적 변화에 대한 희망이 그것이다.

하지만 워즈워스 가족의 연장자들은 그에게서 시보다 더 많은 것을 기대했다. 가족들은 워즈워스가 생계유지를 위해 돈을 벌 것을 기대했다. 고인이 된 아버지의 유산에서 나오는 그의 몫이 생활을 지탱해줄 터였지만, 아버지의 전임 고용주인 제임스 로더에게 빌려준 돈과 관련된 소송이 해결되지 않는 한 그 유산은 묶여 있을 수밖에 없었다.

1783년 아버지가 사망한 후 워즈워스와 그 형제자매들의 후견인이 된 두 명의 삼촌들은 몇 가지 대안을 제시했다. 워즈워스는 그때 당시 바로 소교구의 목사보 지위를 받아들일 수 있었다. 아니면 좀더 학식 있는 성직자나 대학교수가 되기 위해 동양언어(헤브라이 어·아람 어·라틴 어·그리스 어를 의미)를 공부하며 학업을 계속할 수 있었다. 두 가지 모두 내키지 않았던 워즈워스는 타협안을 내놓았다. 프랑스 어를 익히기 위해 1년 동안 프랑스에 체류한 다음 자격이 갖춰지면 교수가 되겠으며, 만약 교수가 되지 못하면 영국으로 돌아온다는 것이 그 조건이었다.

워즈워스의 삼촌들은 그의 제안을 받아들였다. 그리하여 1791년 말 그는 다시 유럽 대륙으로 향했다. 파리는 체류 비용이 너무 비쌌기 때문에 워즈워스는 오를레앙으로 향했다. 그리고 그곳에서 그의 삶은 예기치 않은 전환기를 맞이했다. 아네트 발롱을 만나 사랑에 빠진 것이다. 21살의 워즈워스보다 4살 연상인 그녀는 매력적이고 활발하고 열정적이었다. 그녀는 또한 왕당주의자로 혁명에 맞서 싸우는 재야의 열혈 전사이기도 했다. 워즈워스는 자신의 공화주의 이념과 새로운 사랑 간에 깊은 골을 느꼈다. 그의 내면적 갈등은 주변에 보이는 혼란의 반영으로 나타났다.

> 메뚜기 떼—카라, 고르사스—가 게걸스레 먹어치우는 들판처럼,
> 열정으로 들끓는 땅은, 지금은 잊혀진
> 수많은 다른 이름들을 덧붙이고 있다.
> 더이상 그들의 이름은 들리지 않지만, 그들은 권력자였다,
> 지진같이 매일같이 되풀이되는 격렬한 진동이,
> 마을과 들판 곳곳에서 느껴졌다.

이듬해 봄 정치보다 더 급박한 문제가 발생했다. 발롱이 임신했던 것이다. 갑자기 워즈워스는 결혼을 하고 한 가족을 부양해야 하게 된 셈이다. 집으로 보내는 편지에서는 뚜렷한 이유 없이 성직자가 되려는 결의가 나타나기 시작했다.

1792년 말 그는 자신의 문제를 수습하기 위해 런던으로 돌아왔다. 그러나

순회여행에 나선 여행객들이 그리스에서 필로파포스 유적에 감탄하고 있다. 많은 비용이 들긴 했지만 이런 유럽 여행은 방탕한 대학생활보다 더 바람직한 것으로 여겨졌다. 부유한 후견인들은 비용을 더 들여가며 개인지도 교수와 동행하기도 했다. 개인지도 교수는 한때 워즈워스가 원했던 직업이다.

그 와중에 프랑스와 영국 간에 전쟁이 발발하여, 그는 발롱과 딸 캐롤라인에게 돌아갈 수 없었다. 전쟁은 격렬해졌고, 지루하게 이어지는 바람에 10년 후에야 연인들은 다시 만날 수 있었다. 이런 본의 아닌 처자 유기는 워즈워스에게 많은 근심의 원인, 즉 버림받은 어머니와 아이들의 이미지를 그의 시에 담게 되는 개인적인 고뇌가 되었다.

자신의 조카가 프랑스 여자를 만나 사생아까지 낳았다는 사실을 알게 된 워즈워스의 삼촌들은 교회에서 장래에 제공할 재산을 도로 거둬들였다. 그후 시인은 헌신적인 여동생과 함께 가난하게 생활하며 4년을 보냈다. 그러면서 유산을 기다렸다. 워즈워스의 지성과 호감을 주는 성격은 사람들의 관심을

끌었다. 사람들은 종종 이 오누이에게 거처를 제공했다. 워즈워스와 도로시가 알폭스든 하우스로 이사 오기 2년 전 그들은 도싯의 레이스다운 로지에서 핀니라는 이름의 두 형제의 호의로 자유롭게 생활할 수 있었다. 오누이는 최근 남편을 잃은 베이질 몬터규의 작은 아들을 돌봐주며 약간의 돈을 벌었지만, 불규칙한 수입원이었기 때문에 생계비를 충당하기는 힘들었다. 그래서 식량을 직접 재배했으며 양배추를 주식으로 삼았다. 그러나 겨울의 혹독한 추위와 전쟁으로 인해 두 배로 껑충 뛰어오른 생활비로 인해 고생은 불가피했다.

자신이 처한 위태로운 상황과 더불어 워즈워스는 전쟁이 웨스트컨트리의 이웃들, 특히 가난한 사람들에게 어떤 피해를 주는지 깨닫게 되었다. "많은 부자들이/가난한 사람들의 꿈속에서처럼 가라앉았다/그리고 가난한 많은 사람들은 숨을 거두었다/그리고 그들의 장소는 그들을 알지 못했다." 거지들(전쟁에서 돌아온 병사들 또는 남편이 돌아오지 못한 아내들)이 친숙한 풍경이 되었다.

영국 남서부는 비교적 빈곤한 지역으로 1800년대까지 그런 상태로 남아 있었다. 영국의 다른 지역들처럼 주민

영국의 완만한 언덕과 목초지에서 산책하는 사람들이 멈춰 서서 경관을 구경하고 있다. 윌리엄과 도로시 워즈워스와 새뮤얼 테일러 콜리지는 시골을 돌아다니 것을 좋아했다. 기분을 상쾌하게 하는 도보여행은 항상 시인에게 영감을 불어넣었다. 그들은 다른 지방에서도 도보여행을 즐겼다. 영국 낭만주의 시대에 이런 여행은 인기 있는 취미였다.

대다수는 농장 일꾼들이었다. 하지만 부유한 지주들이 농지를 둘러막는 인클로저 운동이 일어나자 지난 몇십 년 동안 마을의 공동농지에서 일하던 많은 농부들이 공동농지에 접근할 수 없게 되었다. 독립적이었던 과거의 경작자들은 소작농이나 임금노동자가 되었다. 그들이 가족을 부양하는 것은 점점 힘들어졌다. 고용을 위해 농장 일꾼들과 다른 임금노동자들은 주로 9월에 열리는 이른바 몹 페어(mop fair)라 불리는 시장을 찾아갔다. 시장에서 노동자들은 자신의 거래를 나타내는 표시를 걸친 채 거리에 서 있었다. 예를 들어 마부는 모자에 채찍 조각을 둘러맸으며, 지붕 이는 사람은 밀집으로 짠 조각을 자랑해 보였다.

농장에서 일하는 여자가 커다란 우유통의 손잡이를 돌리고 있다(왼쪽). 빵장수가 갈색 빵 덩어리들을 배달하고 있다(오른쪽). 낭만주의 시대에는 자립 농부들뿐만 아니라 이런 빵장수 같은 자영업자들도 그 수가 줄어들었다. 다른 사람들을 위해 일하는 농장 일꾼 같은 임금노동자들이 그들을 대신했기 때문이다.

농지에서 일하는 사람들은 해가 뜰 때부터 질 때까지 1년 내내 힘들게 일해야 했다. 가을이나 초겨울에 그들은 땅을 간 다음 써레질을 했다. 즉 밭을 평평하게 하고 흙덩어리를 잘게 부수고 잡초를 제거했다. 겨울에는 작년에 수확한 밀과 보리와 귀리를 탈곡하고 키질했다. 증기동력 기계들은 아직 일상화되지 않았다. 따라서 작업시 매과정마다 순전히 인력이나 동물의 힘에 의존해야 했다.

영국 농부들은 또한 겨울 내내 양과 소를 돌봤다. 양은 겨울에 태어났는데, 목동들은 갓 태어난 새끼양이 어미양으로부터 충분한 젖을 먹을 수 있도록 밤낮으로 양떼를 지켜봐야 했다.

봄에는 곡물 씨를 뿌렸으며, 아침에는 풀을 뜯을 수 있도록 양떼를 목초지로 내보냈다. 밤에는 비료를 제공할 수 있도록 울타리를 친 밭으로 가축을 보냈다. 5월 말에 양털을 깎은 후에는 양떼를 밭에서 내몰았다. 겨울 사료용 건초를 재배하기 위해서였다. 건초 수확이 이루어지는 6월에는 수주일 동안 몸이 녹초가 되도록 일해야 했다. 남자들은 큰 낫을 휘둘렀고, 여자와 아이들은 잘라낸 건초를 모아서 묶는 일을 했다. 곡물은 늦여름이나 초가을에 수확했다. 수확 말미에 지주는 수확축제(harvest home)라 불리는 잔치를 열었다. 이때는 양과 소를 시장에 내다파는 시기이기도 했다.

노동자들의 생활환경은 간소했다. 대부분의 노동자들은 방 하나가 딸린 밀집 또는 슬레이트 지붕 오두막집에서 생활했다. 물론 형편이 좀더 나은 사람들은 부엌과 침실이 분리된 집을 소유할 수도 있었다. 창문은 작고 유리가 없었으며, 덧문이 하나 달려 있어 그것으로 여닫을 수 있었다.

워즈워스는 가난한 사람들뿐만 아니라 육체적 · 정신적으로 늙고 병든 사람들에게 눈길을 돌리고 그들에 관해 글을 쓰기 위해 자신의 능력을 연마하기 시작했다. "따라서 시인의 천재성이/인간들 사이에서 과감히 자신의 방식을 택할 수 있기를/자연이 이끄는 대로."

1797년 서머싯으로 이사왔을 때 워즈워스의 재정은 별로 달라진 것이 없었지만, 콜리지를 이웃에 둠으로써 커다란 변화가 생겼다. 7월과 8월에 시인들은 자신의 영혼이 광활한 창공으로 열려 있는 것을 느끼며 야외로 돌아다녔다. 세 사람은 그들이 보고 체험한 것을 '낭만주의'(다소 낯설거나 혹은 낯설면서도 아름답게 느껴지는 용어)로 규정하기 시작했다.

그 집에서 그리 멀지 않은 곳에 워즈워스가 45년이 지난 후에도 기억하는 지점이 있었다. 그는 그곳을 생생하게 묘사했다. "개울이 경사진 바위에서 떨어져 내려 그 산골을 위해 폭포를 만들었다. 웅덩이 건너편에는, 내 기억이 맞다면, 서양물푸레나무 하나가 쓰러져 있었다. 그곳에서 깊은 그늘의 방해를 받는 빛을 찾아 가지들이 수직으로 자라고 있었다. 가지에는 햇빛 부족으로 거의 흰색으로 변색된 나뭇잎들이 매달려 있었다. 이런 천연 숲의 다리 아래쪽에는 길고 아름다운 담쟁이덩굴이 늘어져 미풍에 살살 흔들리고 있었다. 시적으로 말하자면 그 미풍은 폭포의 숨결이었다."

1798년 3월, 콜리지와 워즈워스는 알폭스든의 임대기간이 끝나면 독일로 가기로 결정했다. 당시 콜리지는 부유한 후원자로부터 150파운드의 연금을 받고 있었는 데 비해 워즈워스는 심한 재정난에 시달리고 있었다. 시인들은 몇몇 시들을 공동 출판하여 여비를 충당하기로 결정했다.

콜리지가 〈노수부의 노래〉를 쓰는 동안 워즈워스는 〈폐허가 된 시골집〉을 끝마쳤다. 이 작품은 모든 자연의 정신적 초월성에 대한 믿음을 밝힌 긴 이야기풍의 시였다.

> 그는 선택받은 아들이었다.
> 바람 속에서 들리는 희미한 자연의 목소리를,
> 산의 울림과 흘러가는 개울 소리를,
> 깊은 곳까지 느낄 수 있는 귀를 가지고 있었다.
> 온갖 자연의 형상, 바위, 열매, 꽃
> 심지어 길가에 드문드문 흩어져 있는 돌멩이에 이르기까지
> 그는 생명을 주었다. 그는 그들이 느끼고
> 어떤 감정과 연결되어 있음을 보았다.

그런데 〈노수부의 노래〉와 〈폐허가 된 시골집〉과 유사한 시들로 한 권의 시집을 엮는 대신 워즈워스는 느닷없이 이전 작품들과의 완전한 단절을 결심했다. 그는 짧은 시들(당시 시 잡지의 독자들에게 익숙한 장르의 민요와 서정시)을 창작하기 시작했다. 하지만 널리 사용되는 양식과 반대로 지극히 개인적인 목소리를 내는 이런 시들은 대화체로 쓰였으며, 평범한 사람들과 이들에 대한 시인의 감정을 담고 있었다. "대체로 모든 민족의 최초의 시인들은 실제 사건들로부터 자극을 받은 열정을 가지고 시를 썼다." 워즈워스는 이렇게 주장했다. "그들은 있는 그대로 시를 썼다."

3월 첫 주에서 5월 중순에 이르는 약 10주간의 여정에서 워즈워스는 1,500줄, 대략 12편의 시를 지었다. 여기에 워즈워스의 다른 7편의 시와 〈노수부의 노래〉가 포함된 콜리지의 5편의 시를 추가하여 〈서정민요집〉이라는 제목의 시집을 완성하여 1798년 10월 출간했다. 새로운 시대의 시발점이 되었던 〈서정민요집〉은 낭만주의 시인으로서 워즈워스의 데뷔작이었다.

4년 후 아미앵 조약으로 워즈워스는 도버 해협을 건널 수 있었다. 그곳에서 그는 아네트 발롱과 아홉 살의 캐롤라인을 방문하여 8월을 보냈다. 이것은 시인의 젊은시절 사랑과의 작별이라 할 수 있었다. 수주 후 영국으로 돌아온 워즈워스는 도로시의 절친한 친구인 메리 허친슨과 결혼했다. 그리고 같은 해에 로더 소송이 종지부를 찍었다. 유산을 물려받은 워즈워스는 해묵은 빚을 청산하고 편안한 곳에 정착할 수 있게 되었다. 메리와 도로시와 함께 그는 잉글랜드 북서부 레이크 디스트릭트의 그래스미어에 거처를 잡았다.

그후 몇 년 동안 워즈워스는 최고의 작품들을 창작했다. 그러나 점점 틀에 박힌 생활을 하게 됨에 따라 그의 시도 상투적으로 변해갔다. 〈서정민요집〉을 발표한 대담한 시인은 1850년 사망할 때까지 인생의 마지막 7년 동안 계관시인을 역임하며 존경받는 작가로 편안한 여생을 보냈다.

1810년 10월 '아누스 미라빌리스' 기간에 워즈워스의 동료였던 콜리지는 베이질 몬터규의 손님으로 런던에 머물고 있었다. 몬터규는 작가가 인생을 바꿀 수 있도록 돕고 싶었다. 그런데 콜리지와 함께 생활하고 있던 워즈워스가 계획을 재고하라고 몬터규를 설득했다. 그는 콜리지의 아편과 알코올 섭취가 그를 불안정한 상태로 만들고 있다고 설명했다. 하지만 몬터규는 그의 말을 귀담아듣지 않았다.

10월 27일, 콜리지의 한 친구가 밤새워 술잔치를 벌일 요량으로 콜리지를 찾아왔다. 이때 몬터규는 포도주의 양을 제한했고, 콜리지는 분노했다. 손님

주민들이 브리스틀의 성 제임스 축제일 장에서 물건을 사고, 사교활동을 하고 있다. 시골 주민들은 매주 열리는 시장과 1년에 한 번 열리는 장날에 의존하여 음식·가축·옷·가옥 및 농장 도구들을 사고팔았다. 일처리는 오전에 마치고, 오후에는 잡담과 게임과 춤을 즐기며 시간을 보냈다.

이 떠난 뒤 콜리지는 주인과 대적했다. 몬터규는 자신의 행동을 변호하기 위해 이렇게 말했다. "워즈워스가 자네에겐 희망이 없다고 내게 말했네. 자네가 지독한 술꾼이 되었고 폭음으로 내장이 다 썩었다더군. 게다가 그의 가족의 엄청난 두통거리라고 말하더구먼."

콜리지는 비명을 질렀다. "오, 세상에. 이런 잔인한! 이런 비열한!"

그 일을 전해들은 워즈워스는 콜리지의 감정이 어떠했는지 몬터규에게 묻지 않았고 벌어진 상황을 부인하지도 않았다. 2년 전에 쓴 편지에서 워즈워스는 콜리지에 대해 이렇게 말했다. "그의 재능과 그의 천재성뿐만 아니라 그의 방대한 지식도 그를 쓸모 있게 만들지 못할 것이다. 이것들은 모두 그의 정신적 · 윤리적 혼란으로 인해 엉망진창이 되고 있다."

이것은 분명 1797년의 윌리엄 또는 도로시 워즈워스의 콜리지에 대한 평가가 아니었다. 도로시는 콜리지와의 첫 대면 이후 친구에게 이런 글을 보냈다. "그의 대화에는 영혼과 정신과 지성으로 가득 차 있어…… 그의 눈은…… 그의 마음을 움직이는 모든 감정을 말하고 있어. 그것은 이제까지 내가 목격했던 '뜨거운 시인의 눈'보다 더 열정적이었어."

'아누스 미라빌리스' 기간에 콜리지의 창조성은 이런 인상을 남긴 듯했다. 그는 〈노수부의 노래〉와 〈쿠빌라이 칸〉과 같은 신비롭고 이국적인 시를 썼다. 콜리지의 말에 따르면, 바깥에서 거닐고 있을 때 갑작스런 설사로 한 농가로 무작정 들어가야 하는 일이 생겼다고 한다. 이때 그는 치료를 위한 자가요법으로 아편을 섭취했다. 그리고 아편에 취한 상태에서 〈쿠빌라이 칸〉의 시상이 떠올랐다고 한다. 그는 즉시 시를 적기 시작했다.

도원향(桃園鄕)에서 쿠빌라이 칸은

한 관찰자는 1795년 23세의 콜리지를 보고, '커다란 회색 눈을 가진 이목을 끄는 사내'라고 말했다. 2년 후 워즈워스와의 교제에서 자극을 받은 콜리지는 새로운 시적 지위에 올라섰다. 하지만 1801년경 그는 약물중독에 빠져들었다. 절망한 그는 "시인이 내 안에서 죽었다"라고 선언했다.

웅대한 환락의 궁전을 지으라고 명했다.

신성한 강 앨프가 깊이를 잴 수 없는 동굴을 지나

태양이 비치지 않는 바다로 흘러드는 그곳에.

그는 몇 구절을 더 적었다. 시인의 주장에 따르면, 작업을 위해 집에 돌아왔을 때 시의 나머지 부분을 까맣게 잊어버리는 바람에 그 시를 결코 완성할 수 없었다고 한다.

〈쿠빌라이 칸〉의 출처에 관한 콜리지의 일화에는 그의 생애를 규정짓는 본질적인 부분이 담겨 있다. 결단력 부족과 아편 사용으로 절름발이가 된 위대한 재능과 상상력이 그것이다. 1800년경 과도한 약물 복용으로 콜리지의 건강이 악화되었다. 그는 끔찍한 악몽에 시달렸으며, 부어오름·구토·류머티즘·현기증·설사·변비를 호소했다. 아편중독과 약을 끊었을 때의 금단증상이었다. 하지만 1820년대까지 이런 사실은 널리 알려지지 않았다. 금단증상을 겪는 많은 환자들은 자신들의 질병으로 인해 약물 사용을 반복할 수밖에 없다고 생각했다.

콜리지는 자신의 중독을 점점 수치스러워했지만, 19세기 초반에만 하더라도 아편은 알코올 중독·콜레라·통풍·건초열·불면증·결핵 등과 같은 다양한 질병의 합법적인 치료약으로 간주되었다. 아편은 또한 진정제로 널리 이용되었다. 노동자 계층의 여자들은 오랫동안 집을 비워야 할 때면 아기들을 조용하게 하려고 아편 성분의 약물을 먹었다.

동양에서 갈색 과립분말 형태로 수입된 아편은 지역 약국에서 사람들이 쉽게 이용할 수 있도록 팅크제와 혼합되었다. 몇몇 사람들은 알코올의 값싼 대용물로 아편 팅크를 사용했다. 런던뿐만 아니라 랭커셔와 요크셔 같은 산업 중심지에서 그 수요가 많았다. 한 의학보고서에서는 상황을 이렇게 묘사했

1798년 윌리엄 워즈워스의 초상화. 이 해에 그와 콜리지는 시집 〈서정민요집〉을 출판했다. 콜리지는 공저자에게 외경심을 보이며 이렇게 말했다. "내 마음의 느낌을 있는 그대로 말하자면…… 그의 곁에서 나 자신이 작아지는 기분이다."

다. "근처에 마을이 전혀 눈에 띄지 않아도 작은 아편 약병들을 갖춘 가게가 적어도 한 곳은 있었다. 토요일 저녁 일터에서 흘러나온 고객들이 그것을 찾았기 때문이다."

몇 년이 지나자 콜리지의 정신상태는 그의 육체적 불행에 반영되었다. 그는 몇 가지 문학적 계획들을 구상했지만 실행에 옮길 수 없었다. 그의 직업적인 실패는 개인적인 실패로 더욱 악화되었다. 그는 사랑 없는 결혼에 갇혔으며, 아내와 아이들을 부양할 일정한 수입원이 없었다. 후원자들이 주는 소액의 연금이 전부였다. 1808년 가정생활을 더이상 견딜 수 없게 된 그는 아내와 결별했다. 그리고 워즈워스와 함께 살기 위해 그를 찾아갔다.

삶의 목적과 수입원을 모색하던 콜리지는 〈친구(The Friend: A Literary, Moral, and Political Weekly Paper)〉라 불리는 새로운 잡지를 창간했다. 근본적으로 이 잡지는 사람들에게 내면의 자기 반성과 자기 이해를 권유하는 낭만주의 출간물이었다. 하지만 콜리지는 잡지 출간을 지속할 수 없었다. 워즈워스와 절교하기 일곱 달 전에 잡지를 폐간했기 때문이다. 그후 몇 년 동안 콜리지

| 의학의 발전 |

세계 탐험은 영국의 국경을 인도와 중국과 아프리카로 확장시켰다. 그것은 또한 토착 질병들에 대처하기도 힘겨운 나라에 디프테리아 · 결핵 · 발진티푸스 · 말라리아 · 뇌막염 · 천연두 등과 같은 새로운 질병들을 전파시켰다. 의학적 발전은 비협조적인 환자, 잘못 알고 있는 의사들, 비위생적 환경 등으로 더디게 진행되었다.

몇몇 질병들은 환자들의 환영을 받기도 했다. 가령 통풍으로 불리는 관절 염증은 다른 질병들을 예방하는 것으로 생각되었다. 폐결핵은 '통증을 완화시키는 것'으로 여겨졌다. 진지한 젊은이들이 죽어가는 여자에게 동정적인 구애를 했다. 신체가 쇠약해질 때 영혼이 나온다고 생각했기 때문이다. 많은 상류층 의사들은 출산 히스테리로 딱딱하게 덩어리지는 것 같은 가벼운 여성 병을 전문적으로 치료했다. 그들은 월경 장애로부터, 꽉 죈 코르셋으로 인한 실신에 이르기까지 모든 치료를 망라했다. 의사들은 이런 병을 위해 아편약물 · 구토제 · 하제(下劑)를 자유롭게 처방했다.

비위생적인 병실 환경으로 종종 전염병이 발생하여 원래의 질병보다 쉽게 목숨을 잃기도 했다. 하수 오물을 그대로 담고 있는 템스 강의 강물에 수술도구와 붕대와 의사의 손을 씻었다. 이런 오물은 장기

위 그림과 같은 작은 수술용 칼을 가지고 에드워드 제너는 처음으로 살아 있는 우두세포를 어린 소년에게 주입했다(오른쪽). 당시 만연해 있던 천연두에 대한 면역을 키우기 위해서였다. 제너는 소젖 짜는 여자들이 '우두'에 걸린 후 천연두에 면역이 생긴 것을 관찰했다.

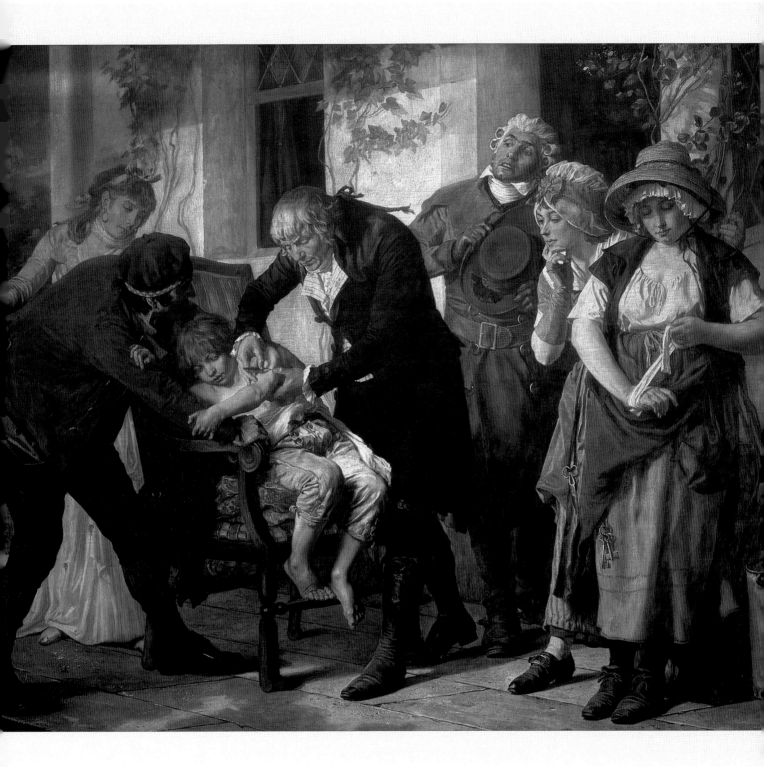

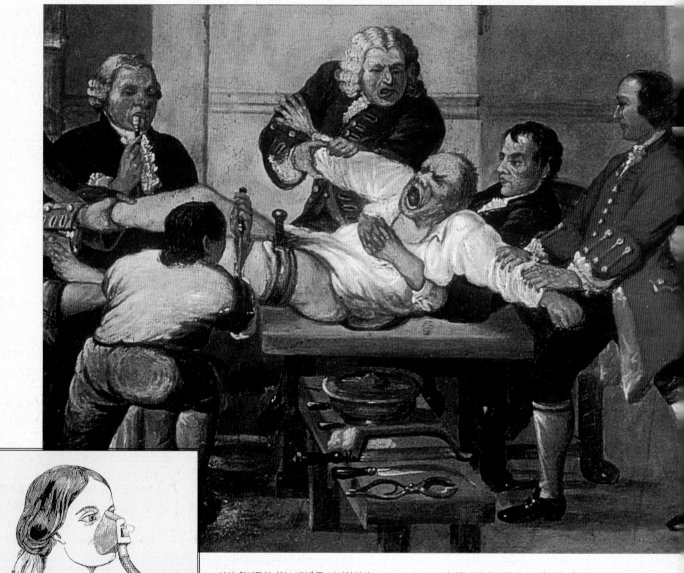

여성 환자들의 '히스테리'를 가라앉히기 위해 의사들이 처방한 대로 한 여인이 클로로포름을 복용하고 있다(왼쪽). 클로로포름은 이산화질소로 뼈 접합과 발치, 그리고 생명에 지장이 없는 여타 수술들에 도움을 주기 위해 토머스 베도스가 처음 도입했다.

의사들에게 몸부림치며 저항하는 환자를 그린 18세기 인물화(위). 이런 공포는 납득할 만했다. 마취법 발견 이전에 메스를 대는 수술에서 환자의 고통을 줄이는 유일한 방법은 그에게 술을 먹여 취하게 하거나 머리에 충격을 가해 기절시키는 것뿐이었다.

간 콜레라 전염을 촉진했다. 1850년 법을 통해 강제로 낡은 파이프를 교체하고 나서야 콜레라는 잠잠해졌다.

그러나 이런 지독한 환경에도 불구하고 18세기와 19세기에 의학적 발전이 이루어졌다. 1785년 심장 출혈의 특효약인 디기탈리스가 발견되었다. 1796년에는 에드워드 제너가 천연두 백신을 최초로 찾아냈다. 1795년에는 음식물에 라임 열매를 추가함으로써 영국의 선원들에게 만연했던 괴혈병을 없앨 수 있었다. 1816년 르네 라엔네크는 간단한 원통으로부터 청진기를 발명했다.

수술 또한 발전했다. 18세기 중엽 윌리엄 헌터는 수술을 위해 해부학을 정식으로 가르치는 학교를 설립했다. 많은 의사들이 해부를 실습함에 따라 학문연구를 위해 더 많은 시체가 필요하게 되었다. 처형이 있는 날에는 지역 감옥에서 신선한 시체 공급이 가능했지만, 학생 수가 증가하면서 이런 식의 시체 공급만으로는 충분치 않게 되었다.

1820년 하숙집 주인인 윌리엄 버크와 윌리엄 헤어는 죽은 하숙인의 시체를 의사들에게 팔기 시작했다. 그리고 두 사람은 판매량을 늘리기 위해 침대에서 하숙인들을 질식시킨 후 재빨리 시체를 팔아치우기 시작했다. 의학생들은 자신들이 해부하는 시체들이 생전에 두드러진 질병 없이 건강한 사람들이었음을 눈치챘고, 결국 당국은 버크와 헤어의 계획을 밝혀내어 그들을 교수형에 처했다.

수술 방식은 계속 발전했다. 1847년 제임스영 심프슨은 마취제로 클로로포름을 처음으로 사용했다. 하지만 당시 수술 기술에서의 가장 큰 발전은 조지프 리스터가 전염을 예방하는 소독제의 가치를 입증한 것이었다.

3명의 은밀한 시체 도둑들이 해부학교까지의 손쉬운 운반을 위해 시체를 자루에 넣고 있다. 18세기 후반 해부학 교수들은 시체 1구당 40파운드를 지불했다. 그 때문에 심야에 시체 도난 사건들이 심심치 않게 발생했다고 한다. 사랑하는 사람의 유해를 안전하게 지키고 싶어하는 가족들 사이에서는 철제 관 구입이 유행했다.

는 그리 중요하지 않은 글들을 출간하면서 이집 저집을 전전했다. 그런데 예기치 않게 두 영역에서 성공의 실마리를 발견하게 되었다. 강의와 희곡이 그것이다.

돈을 벌기 위해 콜리지는 영국 비평에서 고전으로 자리잡은 셰익스피어와 밀턴에 관한 공개강의 시리즈를 열었다. 참신한 한 강연에서는 〈햄릿〉에 대한 해석을 다루었다. 볼테르·존슨·괴테 같은 18세기 비평가들은 주인공의 동기가 불가해하며 그의 광기에 구체적인 원인이 없다는 이유로 〈햄릿〉을 선호하지 않았다. 볼테르는 '끔찍한 독백이 아무렇게 흩어져 있는 기괴한 광대극'이라며 〈햄릿〉을 소홀히 취급했다.

하지만 콜리지에게 햄릿은 풍부한 상상력과 내면적 갈등으로 분열된 전형적인 낭만적 주인공이었다. 자살·복수·배반과 죽음에 관한 그의 독백은 "모든 인간의 '가슴'과 교감하는" 보편적인 관심사를 다루고 있었다.

1812년 8월에 콜리지는 더 많은 갈채를 받았다. 당시 왕립극장이었던 드루어리레인 극장은 1797년에 발표된 후 아직 무대에 오르지 못했던 그의 희곡 〈오소리오(Osorio)〉의 공연 허락을 그에게 부탁했다. 오직 두 곳의 극장, 즉 왕립극장과 코벤트가든 극장에서만 진지한 새로운 연극(다른 극장들에서는 풍자극·무언극·뮤지컬·오페라만을 공연했다)을 무대에 올릴 수 있었기 때문에, 당시 연극을 위한 시장은 제한적이었다. 그리고 1주일 이상 지속되는 공연도 거의 없었다.

한 여자를 사랑하는 두 형제의 멜로드라마적 이야기인 〈오소리오〉에는 엄청난 열정과 살인 시도와 신비한 마술에 관한 내용이 풍부했다. 〈후회(Remorse)〉라는 새로운 제목으로 첫 공연이 열리던 날 밤, 극장 휴게실에서 호객행위를 하는 많은 고급 매춘부들은 그 공연의 성공을 반증하는 것이었다. 청중들은 〈후회〉를 좋아했는데, 특히 마법의 장면에 열광했다. 한 비평가는 "청중의 절반은 우리의 감각을 기쁘게 하는 마법을 그대로 믿었다"라고 말했다.

놀랍게도 〈후회〉는 장장 20일 동안 공연되었으며, 극장의 봄철 레퍼토리의 일부가 되었다. 그리고 대본은 책으로 출간되어 3판까지 찍었다. 지방 극장들도 이 연극을 공연하기 시작했다. 〈후회〉의 예기치 않은 성공은 런던의 극장들을 활성화시키는 촉매제 역할을 했다. 예전보다 훨씬 더 많은 연극들이 상연되었으며, 장래의 작품에 대해 더 많은 투자가 이루어졌다.

"논쟁적인 대화에서
이보다 더 격렬할 수 없다는 생각이 들었다."

1815년 여름, 콜리지는 시의 본질에 대한 자신의 사상을 논하고 워즈워스의 시를 비판하는 〈문학평전〉이라는 또 다른 주요한 작품을 발표했다. 군데 군데 내용이 산만하고 균형 잡히지는 않았지만, 그럼에도 불구하고 이 작품은 위대한 문학 비평서로 간주되었다.

그러나 이 모든 성공도 작가의 약물중독이 악화됨에 따라 자기혐오와 고통의 배경이 될 뿐이었다. 1816년 절망에 빠져 있던 콜리지는 런던에서 5km쯤 떨어진 하이레이트에서 제임스 길먼 박사를 만났다. 콜리지의 담당의사였던 조지프 애덤스는 그 면담을 위해 길먼에게 편지를 썼다. "매우 학식 있는…… 신사인 이분은 자신에게 어떠한 아편 약제도 금하게 할 만큼 용기 있는 의사 선생의 집에 기거하고 싶어하십니다."

처음에 길먼은 콜리지의 모든 주장을 의심스러워했다. 하지만 콜리지의 거동과 대화는 길먼의 마음을 사로잡았다. 그들은 두 시간 동안 대화를 나누었다. 의사는 '자리를 뜨고 싶은 생각이 들지 않을 정도로 무언가에 홀린 듯한' 느낌을 받았다. 마침내 그들은 작가가 3일 후 이사 오는 것으로 합의를 보았다. 그리고 헤어지자마자 콜리지는 길먼에게 노골적인 경고의 편지를 보냈다. 아편에 대한 욕구로 인해 어쩔 수 없이 '회피와 특유한 광기의 교활함'에 빠져든다고 그는 적었다. 그리고 '내게 아무것도 가져다주지 말라고 하인들에게 단단히 일러두어야 한다'는 말을 덧붙였다.

길먼은 콜리지가 진심을 말하고 있다고 생각했다. 자신의 새로운 집에 아편 약물을 몰래 들여오기 위해 작가가 도모한 계획은 런던 출판업자 존 머레이를 개입시키는 것이었다. 머레이는 1816년에 콜리지의 시〈쿠빌라이 칸〉과〈크리스타벨〉을 출간할 준비를 하고 있었다. 두 시는 바이런 경의 권유로 처음 출간되는 것이었다. 콜리지는 머레이에게 단신을 전하며 '(약국에) 밀봉된 편지를 가지고 갈 짐꾼 한 명을 보내줄 것'을 그에게 부탁했다. 머레이는 짐꾼이 가져온 것을 콜리지에게 보낸다는 서류와 함께 짐을 꾸려야 했다.

다행히도 길먼은 곧 이 사실을 눈치채고 그들의 계략을 중단시켰다. 덕분에 콜리지의 약물 사용은 점차 감소했다. 콜리지는 아편을 완전히 끊은 적이 없고, 때로는 추가 약물을 몰래 들여오기도 했지만 전체적인 아편 사용량은 줄어들었다. 그 결과 몇 년 만에 처음으로 콜리지는 규칙적으로 글을 쓸 수 있게 되었다. 1834년 사망할 때까지 콜리지는 자신에게 새로운 삶을 안겨준 의사에게 고마워하며 그의 집에 머물렀다.

콜리지는 바이런 경과 퍼시 비시 셸리 같은 젊은 세대의 낭만파 시인들로부터 찬사를 받았다. 1810년 10월, 콜리지와 워즈워스의 우정이 종지부를 찍었던 바로 그 달에 서식스의 준(准)남작 후계자인 18살의 셸리는 학업을 위해 옥스퍼드 대학에 들어갔다.

옥스퍼드는 영국에서 가장 저명한 대학이었다. 하지만 1810년경의 옥스퍼드 대학은 교양학교(사교계 진출을 위한 특별교육을 시키는 학교-옮긴이) 수준으로 교육의 질이 낮은 편이었다. 1200년대에 설립되었지만 실제로 학위를 위한

19세기에 2명의 학생들이 옥스퍼드 대학 실내에서 그들의 놀이를 즐기고 있다. 이전 세기의 영국 대학들의 명성은 퇴색되었다. 비교적 덜 부유한 젊은이들은 대학이나 교회 경력을 위해 대학에 입학했지만, 부유한 학생들은 단순히 흥청망청 돈을 쓰거나 술을 마시며 즐길 뿐이었다. 셸리를 비롯하여 대다수 상류층 학생들은 3학년의 교과과정을 마치지 못했다.

시험이 실시된 것은 불과 10년 전의 일이었다.

셸리의 아버지 티모시는 아들을 대학으로 데려가 옥스퍼드의 서적상이자 인쇄업자 체인 슬래터 앤 먼디의 경영자들에게 아들을 소개했다. 자긍심 강한 아버지는 그들에게 이렇게 말했다. "여기 내 아들은 문학적 소질을 가지고 있다오. 이미 작가인데다가 출판에 대한 생각에 푹 빠져 있소." 실제로 셸리는 〈자스트로치(Zastrozzi)〉라는 제목의 소설을 출간했었다. 열정과 배반과 살육을 내용으로 하는 괴테 풍의 이야기였다. 또한 4명의 여동생들 중 하나인 엘리자베스 셸리와 함께 청소년 특유의 발라드와 서정시로 엮은 책도 출간한 적이 있었다.

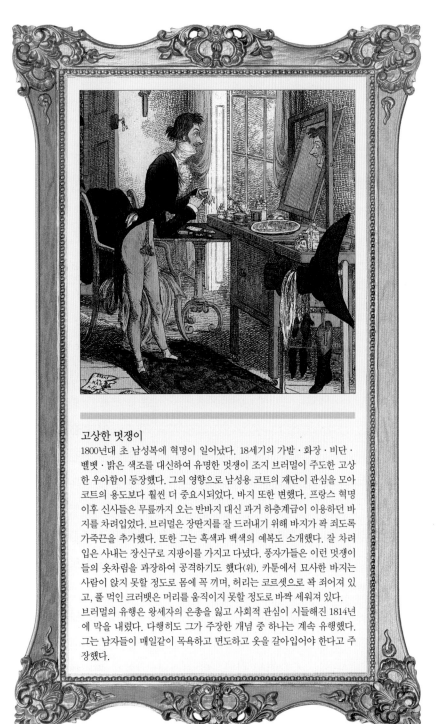

고상한 멋쟁이

1800년대 초 남성복에 혁명이 일어났다. 18세기의 가발·화장·비단·벨벳·밝은 색조를 대신하여 유명한 멋쟁이 조지 브러멀이 주도한 고상한 우아함이 등장했다. 그의 영향으로 남성용 코트의 재단이 관심을 모아 코트의 용도보다 훨씬 더 중요시되었다. 바지 또한 변했다. 프랑스 혁명 이후 신사들은 무릎까지 오는 반바지 대신 과거 하층계급이 이용하던 바지를 차려입었다. 브러멀은 장딴지를 잘 드러내기 위해 바지가 꽉 죄이도록 가죽끈을 추가했다. 또한 그는 흑색과 백색의 예복도 소개했다. 잘 차려입은 사내는 장신구로 지팡이를 가지고 다녔다. 풍자가들은 이런 멋쟁이들의 옷차림을 과장하여 공격하기도 했다(위). 카툰에서 묘사한 바지는 사람이 앉지 못할 정도로 몸에 꼭 끼며, 허리는 코르셋으로 꽉 죄어져 있고, 풀 먹인 크러뱃은 머리를 움직이지 못할 정도로 바짝 세워져 있다. 브러멀의 유행은 왕세자의 은총을 잃고 사회적 관심이 시들해진 1814년에 막을 내렸다. 다행히도 그가 주장한 개념 중 하나는 계속 유행했다. 그는 남자들이 매일같이 목욕하고 면도하고 옷을 갈아입어야 한다고 주장했다.

글쓰기만이 젊은 셸리의 유일한 열정은 아니었다. 옥스퍼드 대학에 입학하기 전에 그는 전통적인 정부와 다른 체제들을 반박한 윌리엄 고드윈의 〈정치적 정의(Political Justice)〉를 읽었다. 고드윈에 따르면 국민을 통제하는 이런 조직의 고유한 권력은 독재를 이끈다. 다른 한편, 자립적인 소규모 공동체의 설립은 자유로운 지적 탐구를 촉진하며, 범죄가 사라지고 공평한 부의 분배가 이루어지는 만족스런 무정부주의 상태의 사회를 가능케 할 것이다. 고드윈은 정치가 종교적 기준이 아닌 공리주의로 정의되는 규범에 기초해야 한다고 믿었다. 이런 견해는 셸리 자신의 정치적 가능성에 대한 확고한 신념과 정통 종교에 대한 그의 거부감을 뒷받침하는 것이었다. 그는 고드윈의 세속적인 철학을 진심으로 포용했다.

옥스퍼드 대학에서 셸리는 자신과 마음이 맞는 토머스 호그를 만났다. 호그는 셸리에 대해 이렇게 술회했다. "논쟁적인 대화에서 이보다 더 격렬할 수 없다는 생각이 들었다." 관심사에 있어 그보다 더 절묘한 취사선택을 하는 사람도 없었다. 호그는 셸리의 방을 '책·부츠·서류·신발·옷·권총· 아마사·도자기, 탄약과 수많은 작은 약병들, 철학적 연구수단'의 소용돌이로 묘사했다. 뒤죽박죽된 물건더미에서 '전기장치, 공기펌프, 전기조(槽), 일광 현미경, 커다란 유리병과 그릇들'도 눈에 띄었다.

이듬해 봄 격정적이었던 셸리는 자신과 호그의 종교적 신념의 원칙을 묻는 〈무신론의 필요성〉이라는 제목의 소책자를 출간했다. 논쟁에 불을 지필 의도로 그들은 '필요성'의 논거가 무신론에 있다는 식의 주장을 펼쳤다. 2,3일 후 셸리는 분노한 대학 학감의 부름을 받았다.

"자네가 이 책의 저자인가?" 어떤 교직원이 물었다. 순순히 자백하면 셸리를 '처벌할 용의'는 없어 보였다. 하지만 셸리는 이렇게 대꾸했다. "이 책이 내 책이라고 생각하신다면 증거를 보여주십시오. 이런 사건에, 이런 목적으로 나를 심문하는 것은 합법적이지 않습니다. 이런 절차는 심문관이 할 일이지 자유로운 국가의 자유로운 사람들이 할 짓이 아닙니다."

셸리는 여름에 쫓겨났다. 호그 역시 학감 앞에 불려가 똑같은 고초를 당했다. 셸리의 아버지는 옥스퍼드 대학에서 '퇴학당한' 젊은이에게 불같이 화를 냈지만, 삼촌의 중재로 결국 부자지간에 화해가 이루어졌고, 셸리는 연간 200파운드의 용돈을 받기로 했다. 물론 그 대가로 그는 직업을 갖는 데 동의했다(하지만 그는 평생 직업을 가진 적이 없었다). 검소하고 실용적인 사람이라면 이 정도의 용돈으로 부족함 없이 잘 살았을 것이다. 하지만 셸리의 성격은 아주 딴판이었다. 그는 재정난을 간신히 모면하면서 장래의 유산을 담보로 은행업자들을 설득하며 여생을 보내야 했다.

19세의 셸리는 8월에 여동생 엘리자베스의 학교 친구인 해리엇 웨스트브룩과 눈이 맞아 스코틀랜드로 도피행각을 벌이며 또다시 관습에 도전했다. 그는 결혼을 신봉하지 않았지만, 몇 가지 이유로 해리엇과의 결혼을 결심했다. 무엇보다 그는 그녀를 사랑했으며, 결혼 상태로 함께 살지 않으면 그보다 그녀가 더 고통을 받을 터였다. 그녀는 매우 불행한 상태에 놓여 있었다. 그러나 셸리의 아버지는 어울리지 않는 혼인을 용납할 수 없다며 결혼에 반대했다.

얼마 후 셸리는 자신과 신부와 에든버러에서 함께 살자고 호그를 설득했다. 몇몇 친구들과 함께 자신의 집을 공유하는 것이 시인이 선호하는 가정 형태인 듯했다. 그는 자유로운 사랑을 확고히 믿었다. 이런 믿음은 〈에피사이키디언(Epipsychidion)〉이라는 제목이 붙은 그의 시에 잘 나타나 있다.

> 나는 위대한 종파에 속한 적이 없었지,
>
> 그들의 교리는, 각자가 군중으로부터
>
> 친구를 선택해야 한다는 거라네,
>
> 그리고 아름답건 똑똑하건,
>
> 나머지 모든 이들은 차가운 망각에 맡겨질 뿐……

1812년 1월 자신의 우상인 윌리엄 고드윈이 아직 생존해 있다는 사실을 접한 셸리는 〈정치적 정의〉가 자신에게 미친 영향을 설명하는 편지를 그에게 보냈다. "그전까지 나는 관념적인 세계에서 존재했습니다. 이제 나는 이 세상이 우리의 관심을 자극하기에 충분하다는 것을, 이성에 대한 논의를 전개하기에 충분하다는 것을 깨달았습니다. 단적으로 나는 실행의 의무를 가지고 있다는 사실을 깨달았습니다."

이런 '의무들' 중 하나는 민중의 의식을 일깨우는 것이었다. 그는 세상에 자신의 〈권리선언〉(미국과 프랑스의 사례를 모방)을 전파하기 위해 브리스틀 해협까지 배를 저었다. 그는 병 속에 전단을 채워넣거나 집에서 만든 보트에 전단을 담은 후 정처없이 표류하게 만들었다.

해리엇의 언니 엘리자베스가 셸리 가정의 영구적인 일원이 되어갈 무렵 세 사람은 린마우스의 벽촌에 체류했다. 이때 생활비가 또다시 문제가 되었다. 하지만 시인은 여지주의 환심을 얻어 약간의 돈을 빌릴 수 있었다. 그는 어떤 상황에서건 여자들을 유혹할 수 있는 능력을 가지고 있었다. 부분적으로 이것은 여자들을 대하는 그의 방식 덕분이었다. 그는 다른 누구보다도 진지하게 여자들을 대했다. 그러나 무엇보다 숱 많은 곱슬머리와 커다랗고 깊은 푸른눈의 매력적인 그의 용모가 발휘한 힘이 컸을 것이다.

그후 셸리는 런던의 자기 집으로 이사했다. 그리고 그곳에서 마침내 윌리엄 고드윈을 만났다. 고드윈의 재정 상태가 급속도로 악화되고 있을 시기였다. 셸리의 형편 역시 겨우 생계를 유지할 수 있는 정도였지만, 셸리는 장래의 유산을 담보로 돈을 구했다. 이를 그는 위대한 인물을 부양하는 특권이라고 생각했다.

고드윈은 셸리를 존 뉴턴에게 소개했는데, 뉴턴은 시인을 채식주의자로 만들었다. 어떤 경우건 음식에 관심을 가진 적이 없었던 셸리는 주로 빵·꿀·건포도·과일·차 등을 먹으며 생활했다. 토머스 호그는 셸리의 식탁에 차려진 빈약한 식단에 종종 불평을 늘어놓았다. 이제 채식주의자가 된 셸리는 심지어 〈매브 여왕(Queen Mab)〉에까지 그 개념을 집어넣었다. 당시 그가 집필하던 〈매브 여왕〉은 정치적 논쟁과 비유적 이야기가 섞인 장편 시다.

시 작업을 마쳤을 때 셸리의 출판업자인 토머스 후컴은 탄압을 우려하여 출판을 거절했다. 셸리의 아내는 친구에게 이런 편지를 보냈다. "그 시에는 모든 기존 체제에 반대하는 내용이 너무 많아." 하지만 1813년에 후컴은 셸리의 자비로 250부를 출간했고, 그중 약 70부가 사적으로 배포되었다. 〈매브 여왕〉으로 촉발된 그의 지적 태도는 걸작인 〈프로메테우스의 해방〉(1820)으로 다시 강력하게 부상했다.

혐오스런 가면이 떨어지고 인간이 남는다―

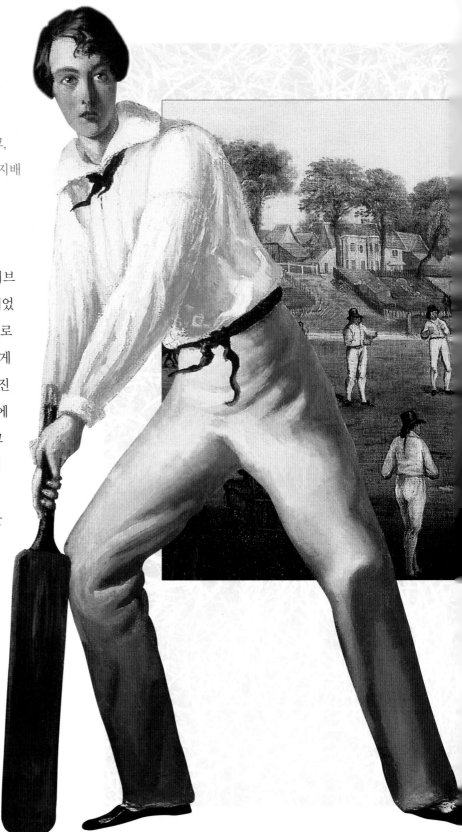

　왕권이 없고, 자유롭고, 구속받지 않는—인간이.
　평등하며, 계급과 종족과 국가가 없고,
　두려움, 숭배, 신분 그리고 자신을 지배하는 왕으로부터
　벗어난 인간이.

　1813년 6월, 딸 아이앤시를 낳아 〈매브 여왕〉이 출간된 해에 셸리는 아버지가 되었다. 시인의 아슬아슬한 재정이 더욱 위태로워지기 시작했다. 이내 빚쟁이에게 쫓기게 된 셸리는 가능한 한 런던에서 멀리 떨어진 곳으로 피신해야 했다. 그리고 그 동안에 보인빌이라는 모녀와 친교를 맺었다. 그는 그들과의 관계에서 아내에게서보다 더 많은 즐거움을 발견했다. 뻔뻔스럽게 보인빌의 딸에게 구애하는 남편에게 실망한 해리엇은 아기와 함께 시골로 떠났다.

　수주 후 그들의 결혼이 거의 파국으로 치닫고 있을 때 셸리는 16세의 메리 고드윈을 만났다. 메리는 고드윈과 페미니스트 작가 메리 울스턴크래프트의 딸이었다. 셸리는 성 판크라스 교회 묘지에 안장된 메리 어머니의 무덤에서 그녀를 찾았다. 그곳은 메

| 스포츠 생활 |

　낭만주의 시대에 영국 전역에서 서로 경쟁하는 스포츠가 엄청난 인기를 끌었다. 셸리가 공부했던 이튼과 옥스퍼드 같은 엘리트 사립 고등학교와 대학교에서는 인내력을 키우고 건전한 덕성을 함양시키기 위해 교과과정에 스포츠를 포함시켰다. 부자이건 가난한 사람들이건 자신들이 좋아하는 축구 팀이나 크리켓 팀을 응원하고, 복싱과 경마 같은 개별적인 경쟁을 즐기면서 스포츠 관람의 기쁨을 만끽했다.

　영국에서 가장 인기 있는 팀 스포츠인 크리켓은 13세기 초 이웃한 마을 주민들 간의 경쟁에서 비롯되었다. 1700년대 초에는 귀족·신사·성직자와 함께 푸주한·구두 수선공·땜쟁이가 11명의 팀을 이루는 것이 낯선 광경이 아니었다. 19세기 들어 크리켓은 점점 더 유행하기 시작했다. 아마추어 스타들은 국회의원이자 영국 은행의 은행장인 윌리엄 워드 같은 저명인사 취급을 받았다. 여자들 또한 크리켓을 즐겼다. 1811년에 두 여성 팀 간의 경기가 치러졌는데, 그들의 연령은 14세부터 50세까지 다양했다.

　크리켓 못지않게 흥미진진하면서도 더 야만적인 스포츠로 복싱이 있었다. "외국인들은 이런 취미가 어떻게 즐거움을 줄 수 있는지 거의 이해하지 못했다. 복싱은 주고받는 묵중한 타격의 쾌락과

1790년대 귀족들은 대개 흰색 의상과 중산모 차림으로 크리켓 게임을 했다(중앙). 왼편에서 19세기의 한 타자가 투구를 기다리고 있다.

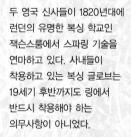

두 영국 신사들이 1820년대에 런던의 유명한 복싱 학교인 잭슨스룸에서 스파링 기술을 연마하고 있다. 사내들이 착용하고 있는 복싱 글로브는 19세기 후반까지도 링에서 반드시 착용해야 하는 의무사항이 아니었다.

링에서의 커다란 기쁨을 제공했다." 작가 윌리엄 해즐릿의 말이다. 1810년에 수천 명의 팬들이 12월의 찬 비를 맞으며 위대한 톰 크립이 적수인 톰 몰리넉스를 33라운드에 KO시키는 것을 지켜보았다. 복싱은 60년 전부터 불법이었지만, 지역 관리들은 복싱을 계속 허용했다. 부유한 사람들이 복싱을 지원했기 때문이다. 귀족 후원자들은 자신이 좋아하는 복서들을 마차에 태워 링사이드로 보냈으며, 이전에 챔피언이었던 '신사' 존 잭슨으로부터 '남성적인 자기 방어기술'을 배웠다. 시인 바이런 경은 잭슨을 '권투 황제'로 불렀다.

경마는 사회 각계각층에서 인기를 끌었던 또 다른 거친 스포츠 중 하나였다. 하지만 대부분의 말과 경마장을 소유하고 있는 부자들이 경마의 실세였다. 경마 주관단체인 자키클럽(Jockey Club)에서 규칙을 제정하고 '혈통대장'(순혈종 말의 정선된 기록부)을 감독했다. 부자들은 1711년 앤 여왕이 창설하여 매년 개최되는 성대한 경마대회에서 왕족과의 만남을 가졌다. 한편 낮은 계급의 사람들은 엡섬 더비 경마에 몰려들었다.

어떤 스포츠건 영국인들은 결과에 돈을 거는 것을 좋아했다. 노동자라면 하루치 임금을, 귀족이라면 제법 큰 돈을 내기에 걸 수 있었다. 그런데 도박은 종종 부패와 폭력을 이끄는 문제를 야기했다. 경마의 자키클럽은 부패에 대한 걱정으로 개혁을 이끈 부유한 마주들이 1750년대에 창설했다. 메릴레번 크리켓 클럽이 관장하는 크리켓은 1825년 게임에 돈을 거는 것을 금했다. 그러나 복서가 일부러 경기에서 패배하는 것 같은 부정한 짓이 흔해짐에 따라, 19세기 중반에 들어서는 스포츠에 대한 관심이 시들해졌다.

1804년 요크에서 22세의 앨리시아 손턴이 선두로 질주하고 있다. 그녀의 말은 결승선 근처에서 쓰러졌다. 영국에서 또 다른 여성 기수가 등장한 것은 그로부터 150년이 지난 후였다.

리가 휴식을 위해 자주 머무는 곳이었다. 1814년 7월 초에 두 사람은 자신들의 사랑을 선언했지만, 누구보다 윌리엄 고드윈이 완강히 반대했다. 그 무렵 셸리의 아내가 고드윈의 집을 방문했다. 또다시 임신한 그녀는 한눈에도 비참해 보였다. 7월 28일 이른 시간에 연인들은 마지막 순간 메리의 이복 자매 제인 클레어몬트(나중에는 주로 클레어로 불림)를 대동하여 유럽 대륙으로 달아났다.

한 달 동안 세 사람은 사실상 돈 한푼 없이 이럭저럭 버티면서 프랑스와 스위스를 돌아다녔다. 우선 셸리는 여행을 계속하기 위해 자신의 시계와 시계줄을 팔았다. 하지만 가을이 되자 그들은 어쩔 수 없이 모국으로 향해야 했다. 그후 몇 달 동안 셸리는 급히 생계비를 변통하고 고드윈에게 약속한 재정지원을 계속하기 위해 친구와 변호사와 대금업자들을 차례로 찾아다녔다. 한편, 철학자는 자기 딸이나 셸리와 대면하는 것을 쌀쌀하게 거절하면서도 시인의 돈은 계속 받았다. 그러자 고드윈이 1,500파운드를 받고 자기 딸을 셸리에게 팔아먹었다는 악소문이 나돌기 시작했다.

얼마 지나지 않아 셸리의 채권자들이 또다시 그를 쫓아다니기 시작했다. 그는 다시 몸을 숨겼다. 메리와 셸리는 커피숍에서 은밀하게 만났다. 이렇게 심란한 상황 속에서 셸리는 글을 쓸 수 없었다. 그는 하소연하듯이 말했다. '만약 워즈워스도 빚쟁이한테 시달린 적이 있다면 과연 그런

1813년 이국적인 낭만주의의 매력에 빠진 조지 고든 바이런이 알바니아인 복장으로 포즈를 취하고 있다(오른쪽). 3년 후 그는 스캔들로 영국을 떠나 제네바 호수가 내려다보이는 언덕 위의 디오다티 별장을 임대했다(위). 제네바에서 그는 셸리를 만났다. 셸리는 바이런의 빌라 아래에 좀더 검소한 집에서 늘어난 가족과 함께 살고 있었다. 두 시인은 친구가 되어 저녁에 종종 함께 식사를 했다.

시를 쓸 수 있었을까?'

　11월 30일에 해리엇 셸리는 아들을 낳았다. 그리고 1815년 신년식 직후에 시인은 조부의 사망 소식을 접했다. 이제 티모시 셸리는 아들의 미결 채무를 해결할 수 있었으며, 1,000파운드의 연금을 아들에게 보내게 되었다. 연금 중 5분의 1은 해리엇과 손자에게 직접 전달했다.

　셸리의 친구 토머스 호그는 메리와 많은 시간을 보냈는데, 그녀가 임신했기 때문에 자주 집에 머물러 있었다. 한편, 셸리는 여동생과 집 밖으로 나가 어울렸다. 그러는 와중에 메리와 호그 사이에 애매한 감정이 싹트기 시작했다. 3월에 조산한 메리의 아기가 출생 나흘 만에 사망하자 그녀는 호그를 불렀다. "다정한 호그, 내 아기가 죽었어요. 최대한 빨리 제게 와주실 수 있나요?…… 당신은 무척 차분한 사람이에요. 하지만 셸리는 우유 때문에 생기는 열에 벌벌 떨어요. 그리고 난 이제 더이상 엄마가 아니에요." 메리는 호그의 다정한 관심을 받아들였지만 육체적 관계는 멀리했다. 호그와의 관계는 셸리가 주장하는 공동체적 사랑의 원칙을 따름으로써 그를 기쁘게 하기 위함인 듯했다. 시인은 자신의 입장에서 그 일을 외견상 권장했지만 속으로는 몹시 불안해했다.

　8월 말과 9월에 들어 건강을 되찾은 셸리는 메리와 함께 런던 서쪽 비숍스게이트에서 몇 주를 보냈다. 집안에 다른 사람은 없었다. 보기 드문 이런 평온한 상태에서 그는 〈얼래스터 혹은 고독한 영혼〉을 쓰기 시작했다. 이 시는 〈매브 여왕〉의 논쟁으로부터 주요한 이탈을 보여주는 자전적 판타지였다. 1816년 1월에 출간된 이 시에 대해 "야만적이고 허울만 좋으며 꿈처럼 실체와 일관성이 없다"는 혹평이 쏟아졌지만, 후일 비평가들은 이 작품을 셸리 최초의 성숙한 시적 성취로 간주했다.

1816년은 여러 가지 이유에서 인상적인 해였다. 1월에 메리가 윌리엄이라는 이름의 아들을 낳았고, 그해 여름 셸리는 평판이 좋지 않은 조지 고든 바이런 경을 만났다. 바이런은 제네바에서 망명생활을 하고 있었다. 클레어 클레어몬트는 고드윈과 셸리에게 제네바로 가자고 졸랐다. 그해 초에 이미 바이런과 인사를 나누었던 그녀는 바이런의 아이를 임신하고 있었다.

두 시인은 즉시 서로에게 호감을 느꼈다. 알폭스든에서 워즈워스와 콜리지의 관계처럼 그들은 서로를 자극하며 몇 달을 보냈다. 비록 셸리는 수영을 못 했지만 그들은 항해를 하며 함께 시간을 보냈다. 그리고 저녁에는 또 다른 임대주택에서 함께 모였다. 어느 날 밤, 바이런의 빌라에서 그들은 각자 혼령 이야기를 쓰기로 결정했다. 메리는 자신의 이야기에서 셸리가 좋아했던 두 가지 주제(초자연적 존재의 공포와 과학의 잠재적 능력)를 짜 맞추어 〈프랑켄슈타인〉을 집필했다. 그녀가 18세 때부터 써서 2년 후에 출간한 〈프랑켄슈타인〉은 그녀의 작품 중 가장 널리, 가장 오랫동안 대중에게 반향을 불러일으킨 작품으로, 셸리나 바이런의 작품들보다 더 인기가 있었다.

그리고 가을에 영국으로 돌아오는 길에 셸리와 고드윈 가족은 두 건의 자살사건에 타격을 받았다. 10월에 메리의 이복자매인 패니가 아편 과다복용으로 사망했다. 그녀는 의붓아버지의 집에서 억눌린 채 살면서 우울증에 시달리고 있었다. 12월에는 런던의 서페틴 호수에서 해리엇 셸리의 시신이 끌려나왔다. 그러자 자신의 딸과 아들에 대한 후견의 권리를 얻기 위해 시인은 메리와 결혼했다. 그러나 그들의 계획은 성사되지 않았다. 1817년 초 아이들은 한 의사에게 맡겨졌다. 훗날 메리는 이렇게 적었다. "그의 장남이 그에게

서 떨어져나갔을 때 그가 느낀 고통은 이루 말할 수 없을 정도였다."

그럼에도 불구하고 그해에 셸리 가족의 수는 더 늘어났다. 1817년 1월에 클레어와 바이런의 딸 알레그라가 태어났고, 9월에는 셸리와 메리의 딸 클래라가 태어났다. 1818년 3월 셸리는 세 아기와 네 여인들(아기들을 위한 두 명의 보모 포함)로 구성된 가족을 데리고 이탈리아로 이동했다. 이탈리아를 선택한 이유는 바이런이 그곳에 있었고, 알레그라를 그에게 데려가기 위해서였다. 그후 셸리는 영국에 다시 발을 들여놓지 못했다.

메리 셸리의 입장에서는 소득이 없었던 것도 아니지만, 그후 4년 동안은 그야말로 비극적인 시간이었다. 1818년 9월에 갓난아기인 클래라가 병에 걸려 베네치아의 한 여관 복도에 사망했다. 셸리가 의사를 찾아 돌아다녔지만 허사였다. 클래라의 죽음으로 인한 부부의 긴장된 관계는 클레어 클레어몬트로 인해 더욱 가중되었다. 클레어는 자신의 딸을 무관심한 바이런에게 맡기고 마음고생이 이만저만이 아니었다. 매부인 셸리는 소송을 주장했다. 알레그라를 위해 소송하는 편이 더 나았을 뿐더러, 그의 가족에서 그 유아의 존재가 셸리에 대한 좋지 않은 소문을 낳고 있었기 때문이다. 이런 상황은 셸리에게 심대한 영향을 미쳤다. 그의 절망감은 그의 시 〈나폴리 근방에서 낙심 속에 씌어진 스탠자〉에 잘 나타나 있다.

아! 내게는 희망도 건강도
마음의 평화도 주위의 평온도 없다.
부(富)를 뛰어넘는 만족감도 없다.
명상 속에서 현인(賢人)이 발견하였고,
그리고 내면의 명예로운 영광과 함께 거닐었던 그런 만족감이―
이름도, 권세도, 사랑도, 한가로움도 없다.

"그들은 어린아이들을 위하는 영
국에 각별한 존경심을 가지고 있
다." 프랑스 인들은 아이들이 추론
능력을 가지면 그들을 교정해주어
야 한다는 점을 지적하며, 한 프랑
스 인이 주장했다. 실제로 영국인
들은 아이들이 원죄를 가지고 태
어나며 규제가 필요하다는 개념을
아이들이 선천적으로 천진난만하
며 선의를 가지고 있다는 개념으
로 바꾸어놓았다. 영국의 예술가
들은 아이에 대한 이런 관점을 시
와 회화로 표현했다(왼쪽).

영국인 부모들은 또한 교육을 좀
더 강조하기 시작했다. 〈어린이의
교육을 위한 교육용 카드〉 같은 교
육적인 완구와 도서가 잘 팔렸다.
몇몇 아이들은 조기교육을 받기도
했다. 존 스튜어트 밀은 3세가 되
었을 때 그리스 어를 배웠다. 다른
신동들은 성경이나 셰익스피어 작
품의 긴 구절들을 줄줄 외웠다. 젊
은 시절 독서광이었던 바이런 경
은 자신의 딸 알레그라가 네 살부
터 읽기를 배워야 한다고 생각하
여 정식교육을 위해 수녀원으로
보냈다.

이들이 둘러싼 다른 것들도 보인다—
그들은 웃으며 살며 인생을 쾌락이라 부른다—
내게는 그 잔이 그렇지 않았다.

상황은 더 악화되었다. 1819년 6월에 셸리 가족이 로마에 체류하는 동안 3
년 6개월 된 윌리엄이 잠시 앓다가 이내 사망한 것이다. 또다시 임신한 메리
는 쓰라린 아픔을 이렇게 적었다. "이제 우리는 4년을 함께 생활했다. 5년
동안의 모든 기억을 깡그리 지울 수 있다면 나는 행복할지도 모른다. 하지만
승리 후에 잔인한 패배가 찾아왔다. 지난 4년 동안의 관계는 정신적으로 크
나큰 고통 없이 수습할 수 있는 일이 아니다." 11월에 메리는 또 다른 아들
퍼시 플로렌스(생존한 그들의 유일한 자식)를 낳았다. 그리고 그녀는 서서히 활력
을 되찾기 시작했다.

그후 2년 반에 걸쳐 셸리는 〈프로메테우스의 해방〉〈첸치 가(家)〉〈무정부
주의의 가면극〉〈시에 대한 옹호〉〈마리아 기스번에게 보내는 편지〉〈에피사
이키디언〉〈아도네이스〉 등과 같은 수십 편의 산문과 시를 완성했다. 그는 어
디서 생활하건 오가는 손님과 방문객들과 어울리며 작업을 계속했다. 하지만
그의 열정적인 우정과 사랑에 대한 자유로운 접근법에는 일시적인 집착과 지
속적인 번민이 교차했다.

셸리가 피사에 정착했을 때 몇몇 새로운 친구들이 그들 집단의 일원이 되
었다. 사촌 톰 메드윈의 친구인 에드워드와 제인 윌리엄스, 메리에게 그리스
어를 가르친 그리스 공작 알렉산드로스 마브로코르다토스, 윌리엄스의 친구
이자 영국 콘월 출신의 모험가 에드워드 트릴로니가 그들이었다. 바이런 역
시 메리가 '노래하는 새들의 작은 둥지'로 묘사한 문학 서클의 일원이었다.
1822년 셸리는 낭만주의 수필가 겸 시인인 리 헌트가 바이런과 함께 문학 및
정치 잡지 〈자유주의자(The Liberal)〉을 발간하려면 그의 가족이 영국에서 피

사로 이사해야 한다는 생각을 했다. 헌트 가족의 도착을 기다리는 동안 셸리와 윌리엄스는 요트 제작을 주문했다. 요트는 5월에 도착했다.

이 무렵 메리는 유산으로 고통을 겪으며 심한 우울증에 시달리고 있었다. 더욱이 그들이 거주하는 비좁은 숙소로 인해 그녀의 기분은 나아지지 않았다. 셸리 가족과 윌리엄스는 멀리 떨어진 해변에 위치한 작은 주택인 카사 마그니를 함께 사용하고 있었다. "그들의 하인과 우리 하인들이 마치 개와 고양이처럼 사사건건 다투고 있어." 메리는 친구에게 보낸 편지에서 불평했다. 게다가 그 즈음 셸리는 악몽과 환각에 시달리기 시작했다. 어떤 꿈에서는 클레어 클레어몬트와 근래에 죽은 바이런의 딸 알레그라를 닮은 나체의 어린아이가 손뼉을 치며 바다에서 나왔다. 또 다른 꿈에서는 부상을 입고 피를 흘리는 윌리엄스가 그의 방으로 들어와 집이 무너지고 있다고 그에게 경고했다. 당시 이런 기괴한 현상은 불길하기 짝이 없었다. 돌이켜보면 이것은 일종의 전조인 듯했다.

6월 중순 제노아에 도착한 헌트 가족은 리보르노로 향했다. 리보르노에서 헌트와 여섯 자녀들은 임대한 별장에서 바이런과 함께 머물렀다. 7월 1일, 셸리와 윌리엄스는 찰스 비비안이라는 18세의 어린 영국인 뱃사람을 대동하고 헌트 가족을 환영할 겸 바이런과 자연스럽게 만나기 위해 스페치아 만을 건너 남쪽의 리보르노로 항해했다.

그들은 8일인 월요일에 집에 도착할 예정이었다. 월요일에 폭풍이 몰아치자 메리 셸리와 제인 윌리엄스는 남편들이 당연히 출발을 연기했을 것으로 생각했다. 하지만 이틀이 지나도 요트는 보이지 않았다. 이제 여인들은 사업적인 이유로 남편들이 리보르노에 머물기로 결정했다는 글이 담긴 금요일 우편을 기다렸다. 하지만 금요일 우편에는 여행자들이 안전하게 집에 도착했는지 여부를 묻는 리 헌트의 편지뿐이었다. 그들은 폭풍이 잠잠해졌을 때 출발했다는 것이다. 그 다음 주에 수색자들이 해변을 샅샅이 훑었고, 7월 19일

트릴로니는 실종된 3명의 시신이 비아레기오와 마사 사이의 해변에서 발견되었다는 끔찍한 소식을 들었다.

이탈리아의 방역법은 익사체의 시신에 석회를 뿌리고 발견된 장소에 매장하도록 규정하고 있었다. 그래서 당국은 익사한 사내를 해변에 묻었다. 하지만 메리는 남편의 시신을 로마의 프로테스탄트 묘지에, 그들의 아들 윌리엄 곁에 안장하고 싶어했다. 수주 후 트릴로니와 헌트와 바이런은 메리의 소망을 들어주기 위해 친구의 부패한 시신을 모래에서 파냈다.

태양은 작열했고 모래는 화로처럼 뜨거웠다. 트릴로니가 화장을 시작하는 동안 헌트는 마차에 남아 고통에 몸을 웅크리고 있었다. 바이런은 바닷물로 뛰어들어 근처에 정박되어 있던 자신의 요트 볼리바르로 헤엄쳐 갔다. 철썩거리는 파도와 활활 타오르는 불꽃 외에 아무 소리도 없었다. 시신은 쉽게 타지 않았다. 친구들은 애도하면서 4시간 동안 계속 불을 지폈다.

마침내 시인의 유해를 수습한 세 사람은 비아레기오로 돌아와 남은 음식에 곁들여 많은 양의 포도주를 마셨다. 후일 헌트는 자책감을 가지고 피사로 돌아가던 술 취한 생존자들을 술회했다. "우리는 노래하고, 껄껄 웃고, 고함을 질렀다. 놀랍게도 나는 흥겨움을 느낄 정도였다. 그것이 사실이었고 안도가 되었기 때문이다."

바이런이 제네바에서 셸리를 처음 만난 지 6년이 되었다. 바이런이 스캔들과 빚을 피해 영국에서 도망쳐나온 지도 6년이 되었다. 스캔들과 빚은 그의 가계에서 흔히 있는 일이었다. 1788년에 태어난 조지 고든 바이런은 난봉꾼과 방탕아 기인들이 많은 가문 출신이었다. '부도덕한 경(Wicked Lord)'으로 알려진 종조부 윌리엄 바이런은 논쟁 끝에 사람을 죽인 후 벌금을 내고 감옥에서 풀려난 위인이었다. 그는 호화로운 파티를 여는 작은 성과 모의 해군 전투를 벌이는 두 채의 호반 요새 같은 건물에 흥청망청 돈을 낭비했다. 결국 그는 자신을 파멸에 이르도록 하는 빚더미에 올려놓았다. 윌리엄의 형제 역시 '고약한 잭(Foul-weather Jack)'으로 알려진 악명 높은 난봉꾼이었다. 그리고 '미친 잭(Mad Jack)'으로 불린 그의 아들은 더 거칠고 무책임했다. 미친 잭은 일말의 양심의 가책도 없이 죽을 때까지 아내와 아들 조지 고든을 내팽개쳤다.

기형의 발을 가지고 태어난 그 아들은 어머니의 고향인 스코틀랜드 애버딘에서 생의 첫 해를 보냈다. 그후 1798년에 종조부으로부터 경의 칭호를 물려받았다(조지의 아버지를 비롯한 다른 후계자들은 윌리엄보다 먼저 죽었다). 바이런과 그의 어머니는 낡은 선조의 저택이 있는 잉글랜드 뉴스테드로 이사했다. 1805년 그는 케임브리지 대학에서 수학하기 위해 뉴스테드를 떠났다.

바이런은 영국의 고전과 전기, 역사서와 근대 시를 닥치는 대로 읽으며 대학생활을 즐겼다. 귀족으로서 시험을 치를 필요가 없었던 그는 황금빛 자수를 입힌 귀족의 검은 가운을 걸치고 교정을 의기양양하게 거닐었다. 가문의 전통에 따라 그는 수입보다 많은 지출을 하며 생활했다. 1808년 스무 살에 접어들면서 그는 이미 여러 채권자들에게 5,000파운드의 빚을 지고 있었다.

많은 빚 때문에 케임브리지 대학에 더이상 머물 수 없게 된 바이런은 런던에 거주하면서 글을 쓰기로 마음먹었다. 그는 이미 2권의 시집을 출판한 적이 있었다. 두 번째 작품인 〈게으른 나날〉에 대한 부정적 비평, 특히 〈에든버러 리뷰〉의 혹평에 분개한 바이런은 작심하고 〈잉글랜드 시인과 스코틀랜드 비평가〉라는 제목의 신랄하고 통렬한 풍자시에 몰두했다. 이 시에서 그는 저명한 귀족들뿐만 아니라, 윌리엄 워즈워스와 월터 스콧 같은 널리 알려진 몇몇 작가들도 모욕했다. 많은 사람들이 그 시에 담긴 악의에 경악했다. 바이런 자신도 출판을 후회할 정도였다.

〈잉글랜드 시인과 스코틀랜드 비평가〉와 함께 바이런은 또다시 자기 감정의 희생자가 되었다. 평생에 걸쳐 그는 열광적인 조증(躁症)의 기간과 우울증

Caro il mio Pappa

Essendo tempo di Fiera desidererei tanto una Visita del mio Pappa, che ho'ma te voglie da levarmi, non vorrà compiacere la sua Allegrina che l'ho ama tanto?

바이런의 딸 알레그라는 1818년경 함께 살기 위해 그를 찾아왔다. 1821년 알레그라가 머물고 있는 수녀원의 누군가가 바이런에게 1통의 편지를 보냈다(위). 편지에서 네 살의 알레그라는 그에게 장터에 데려가달라고 부탁했다. 바이런은 답장하지 않았다. 알레그라는 이듬해에 사망했다. 바이런은 이렇게 적었다. "알레그라가 살아 있는 동안에는 아이의 존재가 나의 행복에 불필요한 것처럼 여겨졌다. 하지만 아이를 잃자마자 아이 없이 살 수 없을 것 같은 느낌이 들었다."

고도의 낭만주의 화법으로 셸리의 화장을 묘사한 회화. 시인의 손상되지 않은 시신이 화장되는 동안 바이런과 에드워드 트릴로니와 리 헌트가 자리를 지키고 있다. 하지만 실제로 해변에서 발견된 시신은 매우 부패되어 있었기 때문에, 헌트와 바이런은 시신을 지켜볼 수 없었다. 신기하게도 셸리의 심장은 불타지 않았다. 그래서 트릴로니는 포도주에 심장을 보관했다. 결국 메리 셸리(위)가 그 심장을 소유했다.

과 편집증의 기간을 주기적으로 오갔다. 그의 몸무게는 그의 감정과 함께 오르내렸다. 무기력과 방탕의 시기에 그는 점점 '비대해지고 혈색이 나빠졌다.' 한 친구의 묘사에 따르면, 그의 손가락 관절이 '지방에 묻혀 사라졌다.' 반면 조증의 기간에는 자신의 몸무게에 집착하여 광적으로 운동에 매달렸다. 또한 식초와 물과 약간의 쌀로 소량의 음식만 섭취하는 바람에 해골처럼 수척해졌다.

1809년 7월 바이런은 채권자들을 피해 영국을 떠나 2년 동안 해외에서 보냈다. 그는 계단식 정원과 오렌지 숲에 둘러싸인 리스본의 아름다운 항구에 매료되었다. 그곳에서 그는 타구스 강을 헤엄쳐 건넜다. 이는 열 달 후 터키의 헬레스폰트(다르다넬스) 해협을 건넜을 때보다 덜 알려졌지만 훨씬 힘든 수영이었다(장애를 의식했던 그는 수영할 때 항상 긴 바지를 입었다). 그는 포르투갈에서 시작하여 스페인 · 몰타 · 시칠리아 · 알바니아 · 그리스와 오스만 제국으로 여행했다. 1811년 영국으로 돌아온 그는 자신의 체험(자연을 가까이 하는 생활의 혹독함과 유쾌함, 숨을 멈추게 하는 놀라운 경관, 신비로운 동양의 이국적 관습들)을 〈차일드 해럴드의 여행〉의 초기 시편들에 담았다.

이 시집은 1812년에 출간되었다. 출간 시기는 안성맞춤이었다. 1월이나 2월에 의회에서 새로운 회기를 여는 런던 시즌은 이미 진행 중이었다. 귀족과

신사들이 저녁 만찬·야회(夜會)·무도회·스포츠 경기 등과 같은 다양한 사회적 행사를 즐기거나, 나이가 찬 딸들을 출가시키기 위해 수도로 몰려들었다. 이들처럼 세련된 이들은 여전히 악명 높은 〈잉글랜드 시인과 스코틀랜드 비평가〉를 읽었으며, 바이런의 다른 작품을 학수고대하고 있었다.

물론 〈차일드 해럴드의 여행〉은 새로운 독자들도 끌어들였다. 게다가 이 시집은 낭만주의자들의 마음에 와닿는 새로운 유형의 인물들(고통받는 영웅과 고결하고 고독한 사람)을 소개했다. 비록 이기주의자이긴 했지만 차일드(childe, 고결한 태생의 인간들에게 적용되는 용어)는 실연을 슬퍼하고 압제에 맞서 싸우는 깊은 감정의 인간이기도 했다.

그 무렵 〈차일드 해럴드의 여행〉은 인구에 가장 많이 회자되는 책이 되었다. 바이런을 주인공과 동일시하는 사교계에서는 잘생긴 시인에게 초대장 세례를 퍼부었으며, 젊은 여인들은 그에게 연애편지를 보냈다. 캐롤라인 램도 바이런의 숭배자였다. 그녀는 자신의 일기에 이렇게 적었다. "저 아름답고 창백한 얼굴은 나의 운명이다." 결국 두 사람은 영국에서 떠들썩한 스캔들을 일으켰다.

귀족이자 국회의원인 윌리엄 램의 아내였던 캐롤라인 램은 매력적이고, 변덕스럽고, 성미가 까다로웠다. 그녀는 우울해하다가 곧바로 쾌활해질 수 있었으며, 곧잘 극도로 흥분하곤 했다. 그녀는 거리낌없이 관습에 도전했다. 그녀는 바이런을 쫓아다니는 데 추호의 부끄러움도 없었다. 그녀는 바이런에게 연애편지를 썼으며, 자신의 몸뿐만이 아니라 보석까지 그에게 건넸다. 자신이 초대받지 못한 무도회에 바이런이 참석하면 그녀는 바깥 길거리에서 그를 기다렸다. 그녀는 또한 바이런을 위해 남몰래 시동(侍童)의 옷차림을 하곤 했다. 바이런은 소년으로 변장한 그녀를 좋아하는 듯했다(시인은 오랫동안 남자와 여자의 매력을 모두 찬양했다). 하지만 여름에 접어들면서 바이런은 그녀의 무절제한 감정에 진력을 내기 시작했다. 절망한 램은 그의 마음을 다시 얻기

헬레스폰트 해협을 헤엄쳐 건넌 후 한 어부의 집에서 휴식을 취하는 바이런을 묘사한 상상화. 바이런은 이를 명예로 여겼다. "나는 정치적·시적 혹은 수사학적 명예보다 이 업적을 훨씬 더 자랑스럽게 생각한다." 그는 자신의 편지, 특히 그의 장애가 있는 발을 잔인하게 조롱했던 어머니에게 보내는 편지에서 자주 수영을 언급했다.

위한 수단을 모색했다.

7월 말의 어느 날, 두꺼운 옷으로 얼굴과 몸을 감싼 한 젊은이가 바이런 집 현관 앞에 나타났다. 안내를 받고 실내로 들어와 시인을 만난 정체 모를 방문객은 두꺼운 겉옷을 벗었다. 방문객은 시종 차림의 캐롤라인 램이었다. 현장에 있던 바이런의 한 친구는 그녀의 수치스런 행동에 충격을 받았다. 바이런은 다급하게 그녀를 설득하여 침실로 데려간 후 여성복으로 갈아입혔다. 램은 바이런의 말을 따랐다. 하지만 돌연 식칼을 집어들더니 자신을 찌르겠다고 위협했다. 바이런은 그녀를 꽉 붙잡고 강제로 칼을 뺐다. 결국 그녀는 바이런의 친구의 호위를 받으며 집으로 돌아갔다.

"그 장면이 불러일으킨 감정은
쉽게 설명할 수 없다."

램과의 연애사건으로 홍역을 치른 후 바이런은 지긋지긋한 재정난으로부터 벗어나길 희망하며 결혼을 결심했다. 하지만 1815년 1월에 거행된 안나 벨라 밀뱅크와의 결혼은 시작부터 불운한 듯했다. 결혼 후 바이런은 안나벨라가 자신이 생각했던 여자 상속인이 아니라는 사실을 알고 실망을 금치 못했다. 게다가 그의 가장 소중한 애정은 다른 곳을 향해 있었다. 그의 이복누이 오거스타가 그녀였다. 바이런보다 네 살 연상으로 밤색 머리카락과 표정이 풍부한 입, 그리고 커다란 눈을 가진 오거스타는, 말하자면 여자 바이런이었다. 망명지에서 바이런은 그녀에게 애정이 듬뿍 담긴 시를 보냈다.

나의 누이 ― 나의 어여쁜 누이 ― 여,
이 세상에서 가장 다정하고 순수한 이가 있다면 그 이름은 누이일 것이다.

산과 바다가 우리를 갈라놓는다. 하지만 나는 눈물을 흘리지 않으리라.
그 대신 스스로에게 다정하게 말하리라.
내가 원하는 곳 어디든 가라, 누이를 향한 내 생각은 한결같다.
사랑하는 이는 체념하지 않은 나를 가엾게 생각한다.
하지만 내 운명에는 두 가지만 있나니,
정처없이 돌아다닐 이 세상과 누이와 함께할 보금자리뿐.

이복누이와 동생이 근친상간을 범하고 있다는 소문이 널리 나돌기 시작했
고, 재정 상황도 점점 악화되고 있었다. 1816년 4월, 바이런은 아내와 다섯
달 된 딸 오거스타 에이다를 버리고 다시 외국으로 도피했다.

시인은 공상이 이끄는 대로 표류했다. 그는 사회가 자신을 도덕관념이 없
고 문란하다고 생각한다면 도전적으로 무시하기로 결심했다. 베네치아에서
그는 최소한 200명의 여자들과 잠자리를 같이했다고 떠벌렸다. 셸리는 경악
했다. 그는 친구에게 글을 썼다. "그는 부모들로 하여금 자신의 딸을 가지고
그와 거래하게 했다네." 하지만 당시에 적어도 베네치아에서는 흔히 볼 수
있는 관습이었다.

바이런은 글쓰기를 계속했다. 1819년 그는 자신의 실생활과 관련된 풍자
시 〈돈 주안〉 3편을 완성했다. 2년 후 이 시가 출판되었을 때, '그리스 섬'
에 대한 인상적인 구절들은 그해 오스만 투르크의 압제에 대항한 그리스 봉
기에 대한 영국의 지원을 고무하는 것이었다.

산들은 마라톤 평야를 바라보고,
그리고 마라톤 평야는 바다를 바라본다.
그곳에서 나 홀로 한참 생각에 잠겨
아직 자유로운 그리스를 꿈꾸었다.

페르시아 인들의 무덤에 서성이며,

나 자신을 노예로 생각할 수 없었기에.

1823년 런던 그리스 위원회는 그리스에서의 그의 존재(그가 제공할 수 있는 재정적 지원과 함께)가 막대한 긍정적 효과를 낳을 거라며 그를 설득했다. 바이런은 이렇게 말했다. "만약 내가 그리스에 간다면 죄수를 다루는 그들의 관행을 교화하기 위해 최선을 다할 것이다." 또한 자유를 촉진하기 위한 목적으로 그리스에 가는 것이 명예를 획득할 수 있는 기회가 된다고 생각했다. 그러면 다시 의기양양하게 영국으로 돌아올 수 있을 터였다.

마침내 바이런이 제노아에서 출발했을 때 작은 배 헤르쿨레스에는 가축, 네 마리의 말, 불독과 뉴펀들랜드 개, 1년 동안 1,000명이 사용하기에 충분한 의약품, 금고 등으로 가득 채워져 있었다. 금고에는 1만 스페인 페세타화와 영국 돈 4만 파운드의 환어음이 들어 있었다. 한동안은 이 장대한 모험이 희극으로 변해가는 듯했다. 범선은 다루기 힘든 바지선으로, 느릿느릿 굼벵이처럼 움직여 리보르노에 도착하는 데만 닷새가 걸렸다. 리보르노에서 배에 탄 일단의 그리스 '애국자들'이 교묘한 말로 서로 설득하기 시작했고, 그들 사이에서 이내 언쟁이 벌어졌다. 바이런은 자신의 선실로 들어가 나오지 않았다.

메리 셸리의 그리스 어 선생이었던 그리스 애국자 마브로코르다토스는 메솔롱기온에서 지방정부를 설립했다. 그는 그곳에서 자신과 합류하자고 바이런에게 간청했다. 바이런의 주요한 의무는 혁명군 설립과 무장과 훈련을 위해 영국이 약속한 대여금을 관리하는 것이었다. 마브로코르다토스는 바이런에게 빨리 와줄 것을 재촉하는 편지를 썼다. "경이시여, 장담컨대 그리스의 운명을 지키는 것은 당신의 손에 달려 있습니다." 바이런은 군대 경험이 전무했을 뿐더러, 줄곧 전쟁을 맹렬히 비난했었다. 그러던 그가 이제 군지휘관

1813년 바이런을 만난 해에 시종 차림을 하고 있는 캐롤라인 램. 그녀는 그를 '미치광이이고, 부정하고, 위험한 인물'로 묘사했다. 바이런은 그녀를 '귀여운 화산'으로 불렀다. 그들의 연애는 짧게 끝났다. 그녀의 무분별함과 집착 때문에 바이런이 등을 돌렸기 때문이다. 이에 대한 복수로 그녀는 1816년에 출간된 괴테 풍의 소설 〈글레나르본(Glenvarvon)〉에서 바이런을 악한으로 묘사했다. 조악하게 쓰인 그녀의 소설은 베스트셀러가 되었다.

역할을 위해 그리스로 돌아갈 채비를 하고 있었다.

1824년 1월 5일 메솔롱기온에 도착한 바이런은 환영식을 위해 이탈리아의 한 장교에게서 빌린 주홍색 연대 군복을 차려입었다. 21발의 예포가 울리고 군중들이 환호했다. 그는 호위를 받으며 마브로코르다토스와 다른 고관들이 있는 숙소로 향했다. 이는 분명 인상적인 순간이었다. 바이런의 여행 동료였던 피에트로 감바는 이렇게 적고 있다. "그 장면이 불러일으킨 감정은 쉽게 설명할 수 없다. 나는 눈물을 참기 힘들었다."

하지만 바이런의 흔쾌한 기분은 현실 앞에서 재빨리 움츠러들었다. 괴어 있는 석호 근처에 위치한 마을은 3,000명의 어부들의 누추한 오두막집들이 모여 있는 작은 어촌이었다. 진흙투성이의 좁은 길에서는 사람들의 배설물 냄새가 코를 찔렀다. 차가운 비가 그치지 않고 계속 내리고 있었다. 이제부터 바이런의 역경이 시작되었다. 런던 그리스 위원회에서 하달받은 명령에는 군사작전에 대한 참여가 배제되어 있었지만, 사람들은 결정과 전략 수립을 그에게 의존했다. 바이런은 여단을 편성하려고 했지만 성과는 신통치 않았다. 매일 아침 잡동사니 병사들이 사격훈련을 위해 집합되었다. 하지만 그들에겐 아직 무기도 없었으며 훈련교관도 도착하지 않았다. 마브로코르다토스와 바이런은 지휘권 접수를 획책한다고 서로를 의심했다. 이런 갈등으로 인해 바이런은 감바(그가 은연중에 신뢰했던 사람)나 로우카스(매력적인 젊은 시종)와 함께 있을 때에도 이성을 잃을 지경이었다.

1월 22일 자신의 생일날에 바이런은 이날을 위해 특별히 준비해놓은 〈오늘 나는 36년의 세월을 끝마치리라〉라는 시를 큰소리로 읊었다. 그는 죽음을 통해 로우카스에 대한 욕망(수치스런 열정)의 사슬을 끊어버릴 것을 선언하는 듯했다. '너를 위해 가장 좋은 병사의 무덤을 찾으라/주위를 둘러보고 네가 누울 자리를 고르라/그리고 휴식을 취하라.'

하지만 바이런은 '한 병사'의 죽음으로 죽지 않았다. 그의 최후의 나날은 2월 중순에 시작되었다. 당시 그는 고열로 인해 경련성 발작을 했는데, 간간이 회복되는 듯하면서 두 달 동안 계속해서 건강이 악화되었다. 4월 16일 아침에 미숙한 두 의사들(돈을 절약하기 위해 의학교에서 바로 고용한 의사들)이 그에게 사혈을 시도했다. 그들은 그의 혈관을 3차례 절개하고 거머리를 붙였다. 그후 사흘 동안 바이런은 몸을 벌벌 떨고 헛소리를 하며 혼수상태로 빠져들었다. 주위 사람들은 어쩔 줄을 몰라했다. 부활절 일요일 오후 늦게 바이런은 자신에게 임박한 죽음을 감지했다. 그는 8년 동안 보지 못한 딸 에이다와 누이 오거스타를 위해 눈물을 쏟기 시작했다. 말할 기운이 없어지자, 그는 아무도 알아들을 수 없는 말을 중얼거리기 시작했다. 이튿날 4월 19일 저녁 6시, 그는 잠시 눈을 떴다가 다시 감았다. 그렇게 숨을 거두었다.

두 달 후 그의 시신이 영국으로 돌아와 이틀 동안 공개되었다. 그런데 장례 행렬에는 이상한 행렬도 포함되어 있었다. 런던귀족 가문의 비어 있는 마차들이 그것이었다. 예전에 〈차일드 해럴드의 여행〉의 저자에게 비위를 맞추기 위해 몰려들었던 사람들이 이제 그를 위해 형식적인 애도 이상을 거부했던 것이다.

임종한 시인의 모습을 이상적으로 묘사한 이 초상화에서 옆에 부서진 수금과 함께 월계관을 머리에 쓰고 있는 바이런은 그리스 영웅을 닮아 있다. 바이런이 사망하자 그의 유언 집행자와 출판업자와 가족들은 그의 명성에 더이상 손상이 가지 않도록 회고록을 불태웠다.

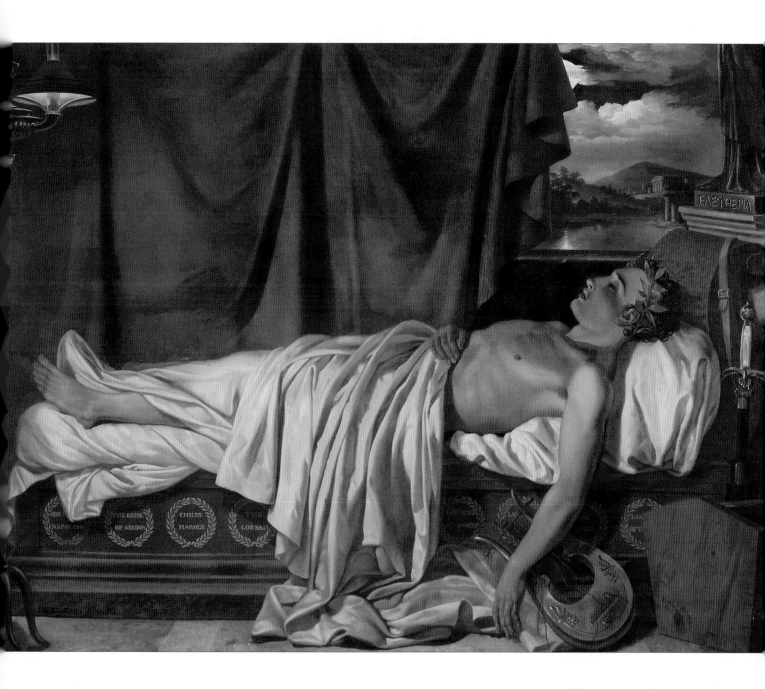

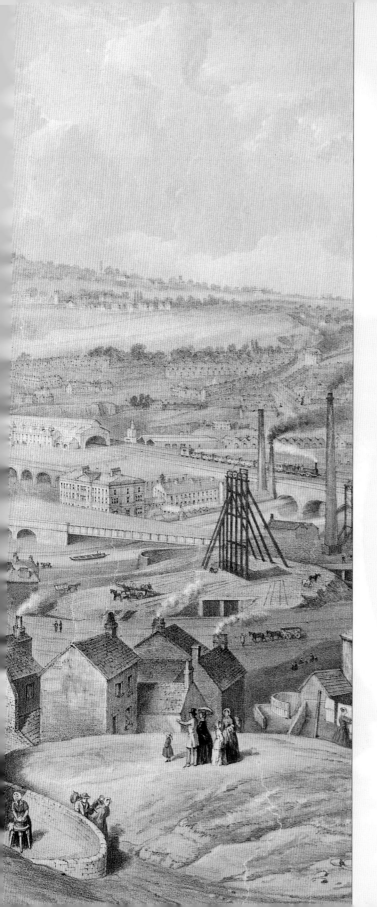

| 산업혁명

 고대 이집트 인들은 동력원으로서의 증기를 확인했다. 그러나 제임스 와트와 조지 스티븐슨이 증기기관을 도입하여 개량한 18세기와 19세기에 이르러서야 비로소 증기동력의 산업혁명이 시작되었다. 마치 하룻밤 새에 원시적인 촌락들이 검댕으로 더럽혀지고, 기계의 소음으로 시끄러워지고, 펌프와 직조기를 비롯한 각종 증기기관들을 작동하는 노동자들로 가득한 산업의 중심지로 돌변한 듯했다.

 하지만 혁명이 뿌리내리려면 더 많은 증기가 필요했다. 대부분 해외무역을 통해 자본을 축적한 사업가들과 저렴한 원료와 노동력의 꾸준한 공급도 필요했다. 19세기에 이런 요건들이 가장 잘 갖추어진 곳이 바로 영국이었다. 예를 들어 새로운 농업기술은 급격한 생산량 향상을 이끌었으며, 그 결과 영국의 인구가 폭발적으로 증가했다. 18세기 초반 900만의 인구였던 것이 1,800만으로 증가했을 정도다. 하지만 농촌생활에서 산업도시 생활로의 이동은 쉽지 않았다. 산업화 이전 영국인들의 생활은 계절의 지배를 받았다. 하지만 새로운 산업 노동자들은 공장 소유주와 기계들로부터 지배를 받았다. 기계는 기후와 관계없이 밤낮으로 작동되었다.

근처에 철광석과 석탄 매장물이 풍부하며 좋은 칼 생산으로 유명했던 셰필드 북부 도시는 19세기 초반 인구증가율이 500%에 달했다. 굴뚝과 빈민가가 밀집해 있던 셰필드는 산업화와 함께 극적인 변화를 일으킨 일상생활을 상징적으로 보여주었다.

| 석탄 채광

현기증 나는 빠른 변화와 함께 새로운 공장들을 가동시킬 증기 생산에 필요한 석탄의 수요가 기하급수적으로 증가했다. 1800년과 1846년 사이에 영국에서 연간 석탄 채광은 1,000만 톤에서 4,400만 톤으로 증가했다.

광산 노동자들의 작업 속도는 가히 살인적이었다. 광산 노동자들은 하루 12~13시간씩, 1주일에 6일을 녹초가 되도록 일해야 했다. 어떤 자료에 따르면, 노동자들이 음식이나 휴식 없이 39시간을 연속으로 일하기도 했다고 한다. 육체적으로 좁은 공간에 적합한 여자와 아이들(개중에는 4, 5세가량의 어린아이도 있었다)은 남자들 곁에서 기진맥진할 때까지 고된 일을 했다.

광산에서 있을 수 있는 흔한 재난으로 갱도 붕괴가 있었다. 버팀목이 부러지는 소리 외에는 이렇다 할 경고도 없었다. 탄산가스 같은 독성가스도 위험했다. 이보다 더 위험한 것은 메탄가스였다. 칠흑같이 어두운 갱내에서 불을 켜려고 점화할 때 메탄가스가 폭발하곤 했다. 1835년에서 1850년 사이에 메탄가스로 인한 폭발 사고는 기록된 것만 643회다.

1842년 애슐리 경(후일 샤프츠버리 백작이 되었다)은 광산에서 벌어지는 많은 학대를 설명하면서 개혁법 제정을 위해 의회를 설득했다. 애슐리 경은 5차례 유산한 한 여인과 광산에서 일하는 8세의 계집아이 사라 구더의 사례를 얘기했다. 사라는 "광산이 무서워요. 난 갱에 있고 싶지 않아요"라고 말했다. 결국 부유한 광산 소유자들의 완강한 반대에도 불구하고 애슐리 경은 모든 부녀자들과 10세 이하의 아이들이 광산에서 일하는 것을 금하는 법안을 통과시켰다.

1820년대 석탄을 태워 동력을 얻는 아래와 같은 증기기관이 석탄 광산의 갱구에 위치해 있었다. 이런 초기 증기기관들은 광부들이 더 깊이 석탄을 캐어 매장량이 풍부한 곳에 도달할 수 있도록 펌프로 물을 퍼내는 용도로 사용되었다.

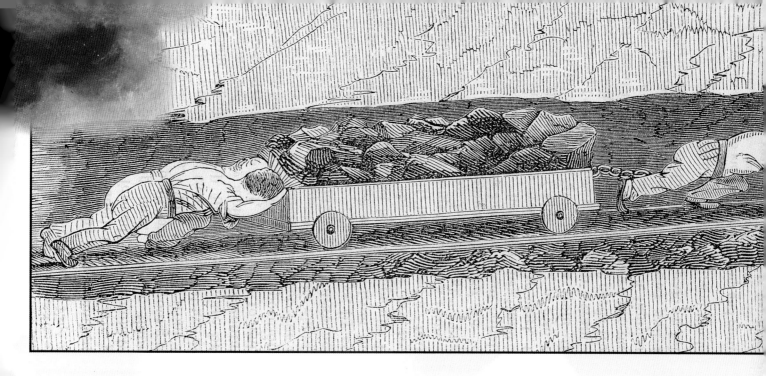

허리에 사슬을 맨 한 소년이 탄차를 끌어당기며
채 50cm 높이도 되지 않는 수갱을 기어오르고 있다.
뒤에서는 '스러스터(thruster)'라 불리는 소년들이
탄차를 밀고 있다(위). '게터(getter)'라 불리는
좀더 나이 먹은 소년이 막장에서 석탄을 캐기 위해
누운 상태로 곡갱이를 가지고 작업하고 있다(아래).

"천장은 매우 낮아요. 난 허리와 다리를
굽혀야 해요…… 탄광일은 하나도 마음에 들지 않아요.
하지만 아빠가 억지로 일을 좋아하게 해요."

11세의 재닛 커밍

| 공장노동

18세기 영국에서는 물세탁할 수 있고, 생산비가 저렴하며, 직물짜기와 염색이 용이한 면이 양모를 대신하는 주요 일용품이 되었다. 과거 면직물은 가사일을 하는 동안 틈틈이 면실을 잣고, 천을 짜고, 염색을 하며 농장 가족들이 주로 생산했다. 하지만 1785년 방적공장에서 처음으로 증기기관을 이용한 이래, 1840년에는 영국에서 생산하는 면직물의 4분의 3이 증기동력 기계를 통해 생산되었다. 그러자 숙련된 수작업 직공들이 자취를 감추기 시작했다.

그리고 그들을 대신하여 새로운 직물 노동자 집단이 등장했다. 그들은 면화가 가득한 공장에서 하루 12~16시간을 일했다. 그들의 손가락과 팔은 쉼없이 돌아가는 보빈(얼레)과 셔틀(북실통)에 다칠 위험에 노출되어 있었다. 이런 노동자들은 대부분은 부녀자들이었고, 어린아이들도 있었다. 어린아이들은 임금이 더 저렴했을 뿐 아니라, 기민하고 작은 체구는 직조기 아래에서 빠르게 움직이며 기름칠하고 청소하는 데 안성맞춤이었다.

공장에서는 온갖 욕설이 난무했고, 해고나 벌금, 육체적 체벌 등을 통해 공장주가 고용인들의 규칙위반을 엄하게 처벌하곤 했다. 하지만 공장 소유주들이 죄다 가혹하게 굴었던 것은 아니다.

직물계의 거물이자 사회개혁가였던 로버트 오언(그는 뉴내러크와 스코틀랜드에서 공장을 운영했다)은 노동자들에게 거처와 먹을 것을 제공하고 교육을 시켰으며, 무도장에서의 댄스 같은 고상한 취미도 접하게 했다. 또 다른 개혁가였던 저명한 리처드 오스틀러는 공장에서 어린아이의 고용을 금하는 운동을 활발하게 펼쳤다. 1802년에 시작된 아동노동 제한은 19세기 중반 일련의 공장법으로 제정되었다. 하지만 아동노동이 완전히 폐지된 것은 아니었다.

공장노동에 관해 두 가지 극단적인 사고를 보여주는 19세기 삽화들이다. 옆쪽에 이상적으로 그려진 삽화에서, 깔끔하게 차려 입은 여인과 소녀들은 널찍한 곳에서 소면기(梳綿機) 작업을 하고 있다.

"면화를 열고, 깨끗이 하고, 펼치고,
　　보풀을 세우고, 잡아늘이고,
　굵은 가닥을 자아버고, 실을 버고,
　실을 친친 감고, 날실을 만들고,
　마무리하고, 천을 짜는 것은……
철로 만든 손가락과 톱니와 바퀴다."

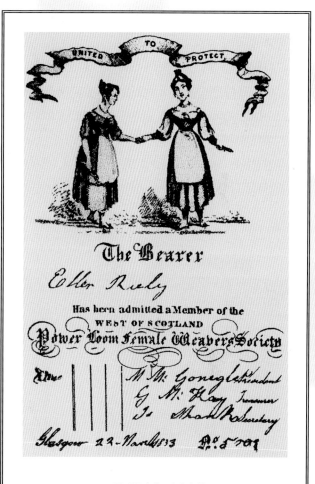

노동자들이여, 단결하라!

혁명기 프랑스에 만연한 폭력에 두려움을 느낀 의회는 산업 노동자들의 노동조합 조직을 강하게 반대했다. 1799년과 1800년에 통과된 법에서는 노동자들의 조합 가입을 불법으로 규정했다. 하지만 몇몇 조합들은 자선단체로 가장하고 비밀리에 활동했다. 1824년 노동조합을 금하는 법이 폐지되자 노동조합 회원 수가 급증했다. 1833년에 발행된 위 그림의 카드는 소지자가 스코틀랜드 서부 직조기 여성직공조합의 일원임을 나타내고 있다.

도시생활에의 적응

노동자들은 직장 근처에 거처를 정해야 했기 때문에 공장과 탄광 근처의 많은 소도시들의 인구가 19세기 초반 4,5배쯤 증가했다. 사람들은 이른바 '루커리(떼까마귀)'로 불리는 세분된 기존 가옥들에 몰려들었다. 이런 명칭이 붙은 이유는 그곳이 새장을 닮았기 때문이었다.

도시계획이나 건축법이 전무했던 시절이라 비양심적인 투기꾼들은 블록마다 가옥을 줄지어 지었다. 때로는 벽돌 반 장도 되지 않는 두께로 건물이 나뉘어졌으며, 가장 기본적인 위생시설조차 부족한 경우도 있었다. 20가구 이상이 하나의 변소를 공용으로 사용했으며, 전체 이웃의 식수원도 단 하나의 급수탑이 전부였다. 1825년까지 창문에 세금이 부과되었기 때문에 실내는 어둡고 환기가 제대로 되지 않았다. 밀집한 거주지는 장티푸스와 콜레라 같은 질병의 온상지였다. 또한 많은 사람들이 영양실조와 결핵으로 목숨을 잃었다.

리즈의 직물 중심지의 경우 높은 유아사망률과 산업재해와 질병으로 거주민의 평균수명이 19세에 지나지 않았다. 리버풀에서는 평균 기대수명이 15세를 넘지 못했다. 대다수 여자들이 일을 했기 때문에 육아는 주로 노파 한 사람이 떠맡았다. 노파는 너무 어려서 일할 수 없는 아이들을 감시했다. 요란한 아기들은 조제된 아편으로 진정시켰다.

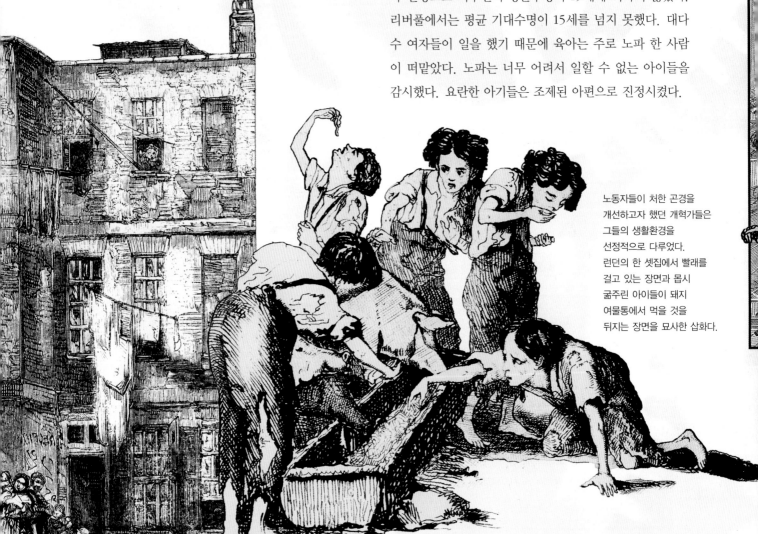

노동자들이 처한 곤경을 개선하고자 했던 개혁가들은 그들의 생활환경을 선정적으로 다루었다. 런던의 한 셋집에서 빨래를 걸고 있는 장면과 몹시 굶주린 아이들이 돼지 여물통에서 먹을 것을 뒤지는 장면을 묘사한 삽화다.

극빈자들에게 거처와 음식과 일자리를
제공하는 공장들이 초창기 간단한 법 제정을
통해 향상되긴 했지만, 그곳 환경은
장기 체류가 불가능할 정도로 열악했다.
런던의 필드 레인 보호소에서 관 모양의
침대에서 잠자는 노동자들을 묘사한 삽화다.

농장 노동자들은 종종 임금을 한 푼도 받지 못했기 때문에 하루 1실링, 즉 약 12.5센트가 새로운 산업 노동자들에게 충분한 임금으로 간주되었다. 임금은 주로 토요일에 지불되었는데, 노동자들은 불쾌한 환경에서 벗어나 얼른 위안을 받고 싶어했기 때문에 술집에서 금세 돈을 다 써버렸다. 런던에는 음주에 대한 연령 제한이 존재하지 않았으며, 1839년까지 술집의 영업시간에 대한 제한도 전무했다.

| 기차 여행

모든 시대의 발명품 중에서 증기기관차만큼 장래에 대한 흥분과 희망을 많이 심어준 것도 없을 것이다(아래). 1814년 엔지니어 조지 스티븐슨이 도입한 증기기관차는 광산으로부터 공장까지 석탄을 운반하기 위해 설계되었다. 11년 후 스티븐슨은 최초로 기차 여객 서비스를 시행했다. 그러자 기차에 대한 열망이 영국 전역을 뜨겁게 달구었다.

새로운 철로를 깔기 위해 수백 채의 가옥과 가게들이 철거되었다. 철도 인부들은 대개 열심히 일하며 과음을 일삼는 아일랜드 노동자들이었다. 1838년 804km에 지나지 않던 영국 철로는 10년 후 놀랍게도 8,046km의 철로와 침목이 부설되었다. 이제 신문과 우편, 그리고 농장의 신선한 생산물들이 대량으로 엄청나게 빠른 속도로 도시 거주자들에게 전달되었다.

1851년에 치러진 대박람회에서 일찍이 보지 못한 많은 군중들이 기관차에 몰려들었다. 그것은 영국의 산업능력을 입증하는 증거였다. 런던 하이드파크에 76km² 면적으로 유리와 철골로 만들어진 대형 전시장 크리스털 팰리스를 가득 메운 600만 명의 방문객들은 이 세상의 기술적 · 산업적 업적에 감탄을 금치 못했다. 그곳에는 농기구 · 보일러 · 기중기 · 직조기와 기관차 같은 증기동력 기관들이 전시되어 있었다.

"우리는 무엇이건 할 수 있다."
1851년 빅토리아 여왕

오른쪽 석판화은 1851년에 개최되었던 대박람회를 묘사하고 있다. 박람회에 출품된 영국 기계들은 영국의 기술적 · 산업적 우수성을 보여주는 명백한 증거였다.

가곡(Lied) 성악과 음악 반주가 공히 음악적 중요성을 갖는 시적 노래. 이 양식은 슈베르트와 브람스 같은 19세기 독일 작곡가들이 발전시켰다.

강림절(Advent) 크리스마스 4주 전 일요일부터 시작되는 종교적 시즌.

갱구(Pithead) 광산 입구 주변 지역을 일컫는 말.

거장(Old Master) 다른 시대, 특히 13세기부터 17세기까지 유럽에서 위대한 장인을 일컫는 말.

게리돈(Gueridon) 제국시대에 인기를 끌었던 탁자 양식으로 받침대 위에 놓여지는 작은 상판이 특징이었다. 간혹 보관을 위해 접히는 것도 있었다.

경종(Tocsin) 경고를 위해 울리는 종. 또는 그 종소리.

계몽주의(Enlightenment) 17~18세기 유럽의 지적 운동. 간혹 이성의 시대(Age of Reason)로 불리기도 했다. 계몽주의는 자연세계와 그곳에서의 인간의 역할에 대한 합리적 이해에 초점을 두었다. 그 핵심에는 실험과 물리적 증거를 통해 세상을 이해하려는 욕구와 종교 간의 갈등이 있었다.

고블린 가의 태피스트리 공장 파리에 위치한 국영 태피스트리 제조 시설.

공국(Principality) 공작이 지배하는 국가.

공산주의(Communism) 모든 자산의 공동 소유에 기초한 사회조직 시스템. 실질적인 소유권은 전체 공동체나 국가에 귀속되어 있다.

공작령(Duchy) 공작이 지배하는 영토.

공장법(Factory Acts) 영국 산업혁명 기간에 노동자들의 착취를 줄이기 위해 제정된 일련의 법률. 아동 노동을 제한하긴 했지만 폐지하진 못했다.

공포시대(Reign of Terror) 프랑스 혁명 기간인 1793년부터 1794년까지 국가의 적으로 간주되었던 수천 명의 사람들이 처형되었던 시기.

공화제(Republic) 투표권을 가진 국민이 권력을 갖고 그들이 선택한 대표자들이 권력을 행사하는 정부 형태.

괴혈병(Scurvy) 비타민C 부족으로 발생하는 질병.

교리문답(Catechism) 주로 질문과 응답의 형식을 취하는 종교적 교리에 대한 요약집.

교향곡(Symphony) 3악장 내지 4악장으로 모든 오케스트라 연주를 위해 작곡된 정교한 악곡.

국가 공장(National workshops) 프랑스에서 실업자들에게 국가 지원의 일자리를 제공하기 위해 설립된 공장.

국민의회(National Assembly) 삼부회의 일원으로 구성된 입법 기구. 프랑스 최초의 헌법을 제정했다.

군주제(Monarchy) 주로 세습 통치권을 가진 1인 통치자가 이끄는 정부 형태.

근위병(Grenadier) 왕국 제1 보병연대. 소화탄으로 무장한 병사.

나폴레옹 박물관(Musee Napoleon) 파리에 위치한 나폴레옹 보나파르트 박물관(현재 루브르 박물관). 전 세계에서 수집한 예술품들을 전시했는데, 그 대부분이 나폴레옹 군사원정 기간에 징발한 것들이었다.

나폴레옹 법전(Napoleonic Code) 1804년에 통과된 프랑스 민법전. 나폴레옹 시대에 행정의 초석이었다.

낭만주의(Romanticism) 프랑스 혁명의 자유주의·평등주의 사상에서 비롯된 18~19세기 문학과 미술 운동. 낭만주의자들은 이성에 중점을 두는 계몽주의를 배격하면서 직감·감정·영감과 개인주의를 포용했다.

다게레오타이프(Daguerreotype)　프랑스 인 루이 다게르가 발명한 은판사진법. 그는 요오드로 감광한 후 수은에 노출시킨 은판으로 영구적인 이미지를 만들었다.

단두대(Guillotine)　두 개의 장대 사이에 무거운 칼날을 떨어뜨려 목을 베던 처형 도구.

대시종(Grand Chamberlain)　군주 또는 귀족의 가사를 돌보는 관리.

독일연방(German Confederation)　1815년 빈 회의에 의해 결성된 독일 국가들의 느슨한 정치적 연합.

디기탈리스(Foxglove)　디기탈리스 속(屬)에 속해 있는 각종 식물. 자주색 또는 흰색의 종 모양 꽃을 가지고 있다. 의학용으로는 울혈성 심장 질환 치료에 사용된다.

라인 동맹(Confederation of the Rhine)　아우스터리츠 전투에서 오스트리아 군을 격퇴한 후 1806년에 나폴레옹이 결성한 독일 국가들의 동맹. 오스트리아와 프로이센을 제외한 거의 모든 독일 국가들이 가담했다. 1812년 나폴레옹이 러시아 원정에서 패배한 후 동맹은 와해되었다.

랜싯(Lancet)　양날을 가진 날카로운 수술용 작은 칼.

로제타 석(Rosetta stone)　그리스 문자와 이집트 상형문자가 함께 새겨져 있는 비석. 이집트 상형문자 해독의 열쇠를 제공했다. 1799년 나폴레옹의 고고학 팀 일원이 이집트에서 발견했다.

르네상스(Renaissance)　14세기부터 16세기까지 유럽에서 고전미술과 문학과 학문이 대대적으로 부활되었던 시기.

목사보(Curate)　소교구나 교구 목사를 보조하는 성직자.

민사 혼인(Civil marriage)　성직자 대신 정부관리가 수행하는 결혼.

바로크(Baroque)　17~18세기 유럽에서 유행한 복잡하고 화려한 예술양식.

바스티유(Bastille)　앙시앵 레짐의 압제를 상징했던 유서 깊은 감옥·요새. 1789년 감옥소장에게 무기와 탄약을 내줄 것을 요구했으나 거절당하자 분노한 군중들이 바스티유로 밀어닥쳤다. 바스티유 점령은 프랑스 혁명의 서막을 알리는 것이었다.

바이올론첼로(Violoncello)　첼로의 옛 이름.

반유대주의(Anti-Semite)　유대 인을 차별하거나 편견 또는 적대심을 가진 자.

반혁명주의자(Counterrevolutionary)　혁명 또는 혁명정부에 반대하는 자.

발라드(Ballad)　짤막한 이야기체 민요와 그에 부친 곡.

벽지(Wallpaper)　저렴한 벽지는 16~17세기 유럽에서 값비싼 걸치는 장식천을 대신하여 처음으로 사용됐다. 프랑스에서 최상급 벽지는 19세기 초에 레베이용 벽지 공장에서 생산되었다.

보나파르트주의자(Bonapartists)　보나파르트 가문 또는 그들의 정치에 대한 열렬한 지지자.

봉건체제(Feudal system)　군주가 자신의 영토를 봉신들에게 내주고 그 대신 충성과 봉사를 얻는 중세 유럽의 사회 시스템.

부르봉 왕가(Bourbon)　1589년부터 1792년까지 프랑스를 지배했던 왕족.

부르봉 왕정복고(Bourbon Restoration)　부르봉 왕가의 일원인 루이 18세가 나폴레옹 몰락 이후 1814년에 왕위를 다시 되찾은 것을 일컬음. 왕정복고로 경제가 회생되었으며 해외에서 프랑스의 국위가 높아졌다. 부르봉 왕정복고는 1830년 입헌군주제를 실시한 쿠데타로 막을 내렸다.

부르주아(Bourgeoisie)　프랑스의 중산층.

비더마이어(Biedermeier)　1815에서 1848년까지 독일에서 회화·

가구ㆍ시와 음악에서 간소하고 세련된 양식이 등장했던 시기. 비더마이어 양식은 바로 이전 시대의 정치적 격동과 낭만주의의 격렬한 감정에 대한 반작용이었다. 비더마이어 시대는 독일과 관련된 모든 것에 대한 새로운 자부심과 민족주의로의 움직임을 고양시켰다.

빈 스페인 승마학교(Spanish Riding School) 빈에 위치한 유명한 시설. 17세기에 고등마술을 공연하기 위해 이곳에서 리피차너 백마를 훈련시켰다.

빈 회의(Congress of Vienna) 나폴레옹을 엘바 섬으로 유배 보내고 그의 제국을 종식시킨 후 1814∼15년에 개최된 국제회의. 대부분의 유럽 통치자들이 참석한 이 회의의 목적은 영토 경계를 재설정하고 유럽의 수장들을 왕위에 올리는 것이었다.

사략선(Privateer) 전시에 정부로부터 적 함선의 나포 및 격침 임무를 맡았던 민간 무장선. 평화시에는 해적 소탕의 임무를 맡았다.

사례금(Honorarium) 직업적 봉사에 대해 자발적으로 지불하는 금액.

사순절(Lent) 해마다 부활절 준비를 위해 단식과 참회를 하는 종교적 시즌. 재의 수요일부터 부활절까지 40일(주일 제외) 동안 계속된다.

사회주의(Socialism) 생산과 자본의 권리를 전체 공동체에 귀속시키는 정치적ㆍ경제적 집단 정부 체제.

산업혁명(Industrial Revolution) 18세기 중반부터 19세기 중반까지 수공구를 증기기관으로 대치하면서 경제적ㆍ사회적 재편성이 이루어진 시기.

살롱(Salon) 주로 여자가 주인이 되어 개최하는 저명인사들의 통상적 비공식 모임. 살롱은 17∼18세기 유럽에서 귀족적ㆍ지적 생활의 중심지였다.

삼부회(Estates-General) 프랑스의 3계급 대표자들로 1302년에 결성된 국가대표기구. 성직자와 귀족은 첫 번째와 두 번째 계급을, 평민은 세 번째 계급을 구성했다.

상형문자(Hieroglyphics) 고대 이집트에서 사용하던 그림문자.

서곡(Overture) 오페라 또는 오라토리오 앞에 붙은 오케스트라 도입부.

선제후(Elector) 신성로마제국 황제의 선출에 참여하는 권한을 가진 공작.

소나타(Sonata) 한 가지 또는 두 가지 악기를 위한 악곡.

슈베르티아덴(Shubertiaden) 슈베르트의 음악을 듣기 위한 모임들.

시민왕(Citizen King) 1830년부터 1848년까지 프랑스를 통치했던 루이 필리프 왕의 별칭. 그는 프랑스 혁명에서 등을 돌린 후 20년 동안 망명생활을 하다 부르봉 왕정복고 이후 프랑스로 돌아왔다. 7월 왕정으로 불리는 그의 통치는 상류층과 언론의 지지를 받았다. 그는 이전의 루이 18세나 샤를 10세와 다른 생각을 가지고 있었다.

신고전주의(Neoclassicism) 미술ㆍ문학ㆍ음악ㆍ건축 등에서 고전주의 양식의 부활.

신성로마제국(Holy Roman Empire) 가맹 공작령ㆍ백작령ㆍ도시ㆍ공국들이 혼합되어 느슨하게 결합된 중부 유럽의 정치적 실체. 독일이 중심부였다.

실내음악(Chamber music) 방이나 소규모 콘서트홀에서 소수의 악기에 의해 연주되는 음악.

아누스 미라빌리스(Annus mirabilis) '경이의 시간.' 낭만주의 작가 윌리엄 워즈워스와 새뮤얼 테일러 콜리지가 서머싯에서 근처에 살면서 〈서정민요집〉이라는 시집을 발표했던 1797년부터 1798년까지의 기간을 묘사하기 위해 사용한 말.

아편(Opium) 양귀비에서 추출한 중독성 약물. 진통제와 마취제

로 사용되었다.

아편제(Laudanum) 아편으로 만든 팅크제. 한때는 의료 목적으로 사용되었다.

악장(Kapellmeister) 합창단 지도자 또는 음악감독.

알망드(Allmande) 17~18세기 프랑스 궁전 댄스와 반주 음악.

앙비귀 코미크 극장(Téâtre de l' Ambigu-Comique) 파리에서 가장 인기 있는 극장 중 하나.

앙시앵 레짐(Ancient regime) 문자 그대로 '구체제'를 의미. 1798년 프랑스 혁명 이전 프랑스의 정치적 · 사회적 체제를 말한다.

야금학(metallurgy) 금속의 생산과 정제와 특성에 관한 학문.

에미그레(Émigré) 프랑스 혁명 때 다른 나라로 탈출한 프랑스 인을 일컫는 말. 주로 왕당주의자들이었다.

예술작품(Objet d' art) 예술적 가치를 가진 물건.

오라토리오(Oratorio) 종종 성스러운 주제를 기반으로 하는 극적인 악곡. 악기와 성악(대개 합창과 오케스트라와 독창)과 함께 연주된다. 하지만 의상이나 무대장치나 다른 효과가 없다.

오스만 제국(Ottoman Empire) 13세기에 아나톨리아의 투르크 족이 건설한 광대한 국가로, 1918년 해체될 때까지 오스만 1세의 후손들이 통치했다. 오스만 제국의 영토는 유럽 남서부, 아시아 서부, 아프리카 북부에 걸쳐 있었다.

왈츠(Waltz) 커플이 추는 우아한 무도장 댄스. 왈츠를 위한 음악은 19세기에 선풍적인 인기를 끌었다.

왕당주의자(Royalist) 특히 혁명 시기에 군주를 지지하는 자를 일컫는 말.

유대 인 대학살(Pogrom) 특히 유대 인에 대한 조직적인 대학살.

의회(Parliament) 상원과 하원으로 구성된 영국의 입법기구.

이산화질소(Nitrous oxide) 무색의 달콤한 냄새가 나는 비연소성 가스로 마취제로 사용되었다. 웃음을 짓게 하는 가스(laughing gas)

로도 알려져 있다.

인간과 시민의 권리선언(Declaration of the Rights of Man and of the Citizen) 1789년 프랑스 국민의회가 초안을 작성하여 통과시킨 선언서. 이 선언서에서는 자유, 사유재산, 압제로부터의 자유, 법 앞에 평등, 표현과 언론과 종교의 자유를 천명했다. 또한 주권이 국가에 귀속되며 군주는 법에 종속된다고 주장했다. 이 선언서는 1791년에 제정된 프랑스 헌법의 전문이 되었다.

인상파(Impressionism) 사물에 대한 빛의 효과를 전달하기 위해 짧은 붓놀림과 밝은 색조를 사용하는 회화의 한 양식.

입헌군주제(Constitutional monarchy) 왕이 헌법에 규정된 법에 복종하는 군주제.

자본주의(Capitalism) 재화의 생산 및 분배를 사적으로 투자되는 자금과 이익률에 의존하는 경제 시스템.

자유사상가(Libertine) 종교적으로 자유롭게 생각하는 사람.

자코뱅 파(Jacobins) 프랑스 혁명 기간에 형성된 정치적 파벌. 주로 왕권을 제한하려는 제3계급의 부르주아로 구성되었다. 얼마 지나지 않아 이 용어는 급진적 행동주의와 동의어로 사용되었다.

장신구 상인(Haberdasher) 의복과 액세서리를 파는 상인.

절대왕정(absolute monarch) 왕의 권력이 법이나 헌법에 의해 제한받지 않는 군주제.

제국 양식(Empire style) 프랑스 초대 제국과 관련된 의상과 가구 양식. 이 양식은 고전과 이집트와 군대의 모티프가 특징이었다.

조신(Coutier) 왕궁에서 시중드는 자.

중계역(Relay post) 프랑스 시골에서 마차 여행객들을 위한 역. 말들에게 사료와 물을 먹이거나 말을 교체하기 위해 16km마다 이런 역이 있었다.

증기기관(Steam engine) 동력 생산을 위해 증기의 특성을 이용하

는 기관.

지롱드 당(Girondist) 프랑스 혁명 기간에 온건 공화주의자들로 구성된 정치적 파벌.

질풍과 노도(Strum und Drang) 강렬한 감정을 옹호하는 독일 문학 사조.

징집병(Conscript) 주로 군역을 위해 국가에 의해 모집된 사람.

천연두(Smallpox) 바이러스에 의해 발병하는 급성 전염병. 농포성 피부 발진이 특징적이다. 천연두 백신은 1796년 영국인 의사 에드워드 제너가 개발했다.

1851년 대박람회(Great Exhibition of 1851) 영국 산업의 위용을 과시하기 위해 열린 박람회. 증기기관을 비롯한 전 세계의 기술적·산업적 성과를 구경하기 위해 600만의 방문객들이 박람회를 찾았다.

청진기(Stethoscope) 환자의 심장과 폐의 소리를 듣기 위해 르네 라엔네크가 발명한 의료 도구.

초왕당파(Ultraroyalist) 전반적인 왕정복고를 간절히 원했던 프랑스 시민.

총재정부(Directory) 1795년부터 1799년까지 존속되었던 정부형태로 헌법에 따라 프랑스에서 권력을 갖는 양대 의회와 5명의 총재로 구성되어 있었다. 총재정부에 대한 대중의 불만이 고조되자 1799년 11월 9일에 통령정부로 바뀌었다. 그리하여 나폴레옹 보나파르트를 비롯한 3명의 통령이 선출되었다.

7월 왕정(July monarchy) '시민왕' 루이 필리프 통치 기간에 붙여진 이름. 그의 통치는 1830년 7월 샤를 10세 퇴위 이후부터 시작되었다.

칸타타(Cantata) 독창의 내러티브로 구성된 성악곡. 종종 합창과 오케스트라를 동반하기도 한다.

코메디 프랑세스(Comédie Française) 프랑스 국립극장.

쿠데타(Coup d'etat) 주로 무력을 통한 갑작스런 정변.

크리켓(Cricket) 각각 11명으로 구성된 두 팀이 초원에서 행했던 영국 스포츠. 주문(柱門)을 향해 투구를 하면 다른 팀의 타자가 주문을 지키는 식으로 진행된다.

클로로포름(Chloroform) 휘발성의 무색의 자극성 액체. 예전에는 주로 마취제로 사용되었다.

탄산가스(Chokedamp) 광산에서 산소 비율은 낮은 반면 이산화탄소 비율은 높은 독성 가스를 일컫는 말.

통령정부(Consulate) 1799년부터 1804년까지 총재정부를 대신했던 프랑스 정부형태. 나폴레옹 보나파르트는 3명의 통령 중 하나로 임명되어 실질적으로 정부를 통치했다.

통풍(Gout) 팔다리 관절과 특히 엄지발가락 관절에 극심한 통증을 유발하는 질병. 혈액 속의 과도한 요산이 이 질병의 원인이다.

튈르리 궁전(Tuileries) 과거 파리의 궁전.

평안과 질서(Ruhe und Ordnung) 나폴레옹 몰락 이후 새로운 유럽을 묘사하기 위해 사용한 슬로건.

폭발성 가스(Firedamp) 석탄 광산에서 발견되는 연소성 가스. 주로 메탄으로 구성되어 있으며 공기와 섞이면 폭발할 수 있다.

폴로네즈(Polonaise) 폴란드 댄스와 그 무곡.

프라터(Prater) 빈의 다뉴브 강에 자리잡은 대형 공원.

프랑(Franc) 프랑스의 주요 통화.

프랑스 공포증(Francophobe) 프랑스 또는 프랑스 인을 두려워하거나 싫어하는 사람.

프로테스탄트(Protestant) 로마 가톨릭 교회와 구분되는 서구 기

독교의 신자들.

피아노포르테(Pianoforte) 피아노.

합리론(Rationalism) 삶의 지침으로서 이성을 믿는 주의.

합스부르크(Habsburg) 신성로마제국·오스트리아·스페인 등에서 왕권을 제공했던 유럽의 왕가.

헌법(Constitution) 국가를 통치하기 위한 기본 기구.

현악4중주(String quartet) 4가지 현악기, 특히 2대의 바이올린과 1대의 비올라와 1대의 첼로 연주를 위한 악곡.

협주곡(Concerto) 오케스트라의 반주를 받는 하나 또는 하나 이상의 악기를 위한 악곡.

호프부르크(Hofburg) 합스부르크 왕가가 건설한 방대한 왕실의 주거 단지. 13세기부터 시작하여 1913년 마지막 건물이 지어졌다.

후작(Marquis) 공작 아래 백작보다 높은 지위의 귀족.

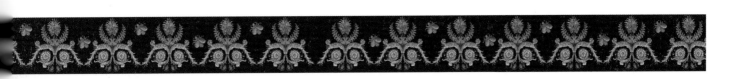

옮긴이 _ 신현승 고려대학교 철학과를 졸업하고 현재 전문 번역가로 활동하고 있다. 옮긴 책으로는 《인디아, 그 역사와 문화》(공역)《인생 111》《죽음의 티켓》《크리스마스 선물》《그리스 인 이야기》 등이 있다.

What Life Was Like 유럽의 낭만주의 시대

초판 1쇄 펴낸 날 _ 2005. 5. 30

지은이 _ 타임라이프 북스
옮긴이 _ 신현승
펴낸이 _ 이광식
편　집 _ 곽종구 · 오경화 · 김지연　　　　영　업 _ 박원용 · 조경자
펴낸곳 _ 도서출판 가람기획　　　　　　　등　록 _ 제13-241(1990. 3. 24)
주　소 _ (121-130)서울시 마포구 구수동 68-8 진영빌딩 4층
전　화 _ (02)3275-2915~7　　　　　　　팩　스 _ (02)3275-2918
전자우편 _ garam815@chollian.net　　　홈페이지 _ www.garambooks.co.kr

ISBN 89 - 8435 - 189 - X (04900)
　　　 89 - 8435 - 172 - 5 (set)
ⓒ 가람기획, 2005

What Life Was Like In Europe's Romantic Era
Edited by Denise Dersin
Original copyright ⓒ 1999 by Direct Holdings Americas Inc.
Korean translation copyright ⓒ 2005 by Garam Publishing Co.
This Korean edition was published by arrangement
with Direct Holdings Americas Inc.
through Best Literary & Rights Agency, Korea
All rights reserved.

* 값은 뒤표지에 있습니다.
* 잘못된 책은 구입한 서점에서 바꿔드립니다.

* 서점에서 책을 살 수 없는 독자들을 위해 우편판매를 하고 있습니다.
　수　　협　093-62-112061(예금주:이광식)
　농　　협　374-02-045616(예금주:이광식)
　국민은행　822-21-0090-623(예금주:이광식)